Rita Brandenburger
Max Beck

1×1 kreativ Wand-gestaltung

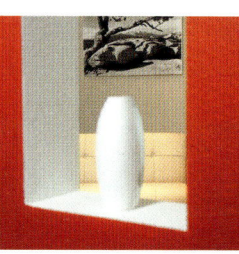

Workshop
Seite 5–102

Ideenpool
Seite 104–129

Liebe Leserin, lieber Leser,

willkommen im 1 x 1 kreativ Wandgestaltung! Mit diesem Werk- und Ideenbuch möchten wir Sie ermutigen, selbst Hand anzulegen, egal, ob Sie gerade umgezogen sind, einen Tapetenwechsel planen oder Ihrer Wohnwelt einen individuellen Anstrich geben möchten. In den drei Grundlagenkapiteln Vorbereitung, Tapezieren und Streichen erfahren Sie alles Wissenswerte über Werkzeuge, Materialien und Vorgehensweise. Checklisten geben Ihnen vor dem Start die Sicherheit, alles Nötige bedacht zu haben. Daneben finden Sie fundierte Anleitungen, die sicher zum Erfolg führen und helfen, typische Anfänger- und Laienfehler zu vermeiden.

Wenn Ihnen die Grundlagen vertraut sind, finden Sie im Kapitel Kreative Wandgestaltung von der Stupftechnik über die freie Wandbemalung nach eigenen Motiven bis zur anspruchsvollen Glättetechnik viele Anregungen und Ideen, die eigenen vier Wände ansprechend und nach Ihrem persönlichen Geschmack zu gestalten. Auch hier wird alles ausführlich und leicht verständlich anhand vieler Fotos erklärt, so dass das Nacharbeiten leicht fällt.

Im Ideenpool erwarten Sie weitere, wunderschöne Wandgestaltungen, die Sie alle nacharbeiten können, die aber auch zu eigenen, kreativen Vorstellungen und Ideen anregen.
Sie werden sehen, Handwerken macht Freude, wenn es so einfach gelingt.

Viel Erfolg wünschen Ihnen
Ihr

Max Beck

Vorbereitung

Mit Farbe, kreativen Wandgestaltungen oder einer schönen Tapete lassen sich Räume nicht nur individuell gestalten, sie erhalten auch ein unverwechselbares Profil. Um eine entsprechende Atmosphäre zu schaffen, ist allerdings ein bisschen Aufwand gefragt. Die Güte des Ergebnisses Ihrer Renovierungsarbeiten hängt von ein paar Faktoren ab: von kreativen Ideen, dem fachlichen Know-how und guten Werkzeugen und Werkstoffen. Und ganz wichtig – je besser Sie auf die Renovierung vorbereitet sind, um so befriedigender wird das Ergebnis später sein. Eine gelungene Renovierung beginnt bereits mit sorgfältiger Vorarbeit. Wundern Sie sich nicht: Die Vorbereitung des Untergrundes ist sogar so wichtig, dass dieser Arbeitsschritt oft mehr Zeit in Anspruch nimmt als das Anbringen des Wandbelages selbst.

Die Grundlagen des farbigen Gestaltens

So wirken Farben auf Menschen

Tipps & Tricks

◆ Sammeln Sie überall ansprechende Beispiele und lassen Sie sich inspirieren

– aus Büchern, Zeitschriften und Broschüren, auch Baumärkte bieten inzwischen anregende Prospekte und Bücher an,

– auf Internetseiten,

– mit Ihrer Digitalkamera,

– durch Briefing, d. h. alle Ideen **schriftlich** sammeln,

– indem Sie Ihre Fotos und Ideen auf eine Pinwand heften.

Farbe und ihre Wirkung im Raum ist keine Geschmacksfrage. Farben sind vielmehr eng mit urbildlichen Erfahrungen verbunden und erzeugen, richtig eingesetzt, klar erkennbare und messbare Raumsituationen. Erwiesenermaßen wirken sie sich auf unsere Stimmung, auf das Fühlen und Denken ebenso aus wie auf körperliche Vorgänge wie Stoffwechsel, Puls- und Atemfrequenz. Die Lieblingsfarbe der Deutschen ist, nach verschiedenen Meinungsumfragen, eindeutig die Farbe Blau (ca. 25% bevorzugen sie), gefolgt von Rot (ca. 14%) und Grün (ca. 13%).

In unserem „künstlichen" Lebensumfeld, unserer Wohn-Welt, haben wir unzählige Möglichkeiten, mit Farben verschiedenster Nuancen und Beschaffenheit Akzente zu setzen. Die richtige Farbwahl, um einen Raum liebenswert zu gestalten, ist oft die wichtigste, aber auch eine schwierige Entscheidung. Dabei spielt zum einen die Wechselwirkung zwischen Raumdimension, Lichtbeschaffenheit, Einrichtung und Farben eine Rolle. Zum anderen der Kontrast zwischen unterschiedlichen Farben und die Intensität der Koloration beleben oder dämpfen das Raumklima. Vor der endgültigen Entscheidung, was Sie für welchen Raum erreichen möchten, sollten Sie drei wichtige Kriterien bedenken: die beabsichtigte Raumwirkung, die Kombination mit der Einrichtung und den persönlichen Geschmack.

Farbkreis nach Johannes Itten

Farben werden seit dem 18. Jahrhundert in einem System dargestellt, dem Farbkreis. Dabei bilden Gelb, Rot und Blau die so genannten **Primärfarben.** Aus diesen Farben lassen sich **alle anderen Farben** mischen. Die **Sekundärfarben** Grün, Orange, Violett entstehen durch das Mischen von je zwei Primärfarben. Werden die drei Primärfarben gemischt, entsteht Grauschwarz. **Tertiärfarben** entstehen, wenn eine Primär- mit einer Sekundärfarbe oder zwei Sekundärfarben miteinander gemischt werden. **Komplementärfarben** (Rot – Grün, Gelb – Violett, Blau – Orange) liegen sich im Farbkreis gegenüber und besitzen den größten Farbkontrast zueinander. Die Mischung von zwei Komplementärfarben ergibt Grau.

Blau

Blau ist die Farbe der Ruhe, der Entspannung, der Ausgeglichenheit, der Harmonie und Treue. Bei der Raumgestaltung kommen diese Attribute in Räumen zur Geltung, die der Entspannung dienen sollen. Blau wirkt sauber und zurückhaltend. In Blau gehaltene Räume erscheinen gediegen, können aber auch sehr kühl wirken.
In kleinen, engen und niedrigen Räumen bewirkt Blau eine optische Vergrößerung. Mit Weiß aufgehelltes Blau behält seine kühle und unnahbare Wirkung.

Blau mit einem Anteil an Grün wirkt festigend, komprimierend und ist bestimmender als reines Blau.

Tipps & Tricks

◆ Türkis erzeugt Distanz. Es schafft ein kühles, aber persönliches Raumklima.

Tipps & Tricks

◆ Rot wirkt appetit-
anregend (genau wie
Orange). Bei Gewichts-
problemen sollte man
daher in der Küche
Blau oder Blaugrün
bevorzugen.

Rot

Rot ist die dynamischste und aggressivste
Farbe. Rot erzeugt ein Gefühl von Nähe,
fördert die Aufmerksamkeit, körperliche
Arbeit und Bewegung.
Bei der Raumgestaltung kann Rot aktivie-
rende Impulse setzen. In Räumen, in
denen man zur Ruhe kommen will, sollte
Rot nicht die dominierende Farbe sein,
denn Rot setzt viel Energie frei. Diese
Farbe regt den Stoffwechsel an, fördert
die Durchblutung des Körpers und macht
Lust auf körperliche Aktivität.
Vorsicht, zu viel Rot im Raum kann bei
längerem Aufenthalt unruhig und gereizt
machen.

Gelb

Gelb bringt Sonne ins Haus und ins Gemüt, wirkt heiter und verscheucht trübe Stimmungen. Die Lichtfarbe Gelb verleiht einem Raum eine sonnige, positive Atmosphäre und lässt kleine Räume größer erscheinen. Sie wirkt anregend und belebend, auch auf den Geist. Gelb fördert die Konzentration, den Lerneifer und wirkt sich positiv auf das Gedächtnis aus.

Auch in Kombination mit dunklen Farben entfaltet Gelb seine dynamische Wirkung.

Ideal in Räumen für junge Menschen und in Besprechungsräumen.

Hinweise

◆ Ein kleines Zimmer wirkt größer, wenn helle Tapeten und kleinere Muster oder Unis zum Einsatz kommen. Man kann auch eine Dekorwand (ohne Fenster und Türen) mit einem großen Muster tapezieren und/oder ein dezentes Karomuster oder Glanzeffekte einsetzen.

◆ Ein Erker wird optisch vergrößert, indem Sie ihn hell gestalten (dasselbe gilt auch für Dachgauben).

Tipps & Tricks

◆ Nordzimmer und
Räume mit zu wenig
Licht oder Sonne profi-
tieren von der Strahl-
kraft des Orange.

Orange

Orange erzeugt eine heitere, gelöste Atmosphäre, wirkt sti-
mulierend, strahlt Wärme und Gemütlichkeit aus und ist eine
freundliche, „soziale" Farbe. Orange fördert die Geselligkeit
und wirkt, wie Rot, appetitanregend.
Wird Orange mit Weiß aufgehellt, verliert es seine Leuchtkraft. Orange ist die ideale Farbe für Küche oder Esszimmer.
Auch junge Menschen fühlen sich oft von der fröhlichen und
wohligen Stimmung, die Orange erzeugt, angesprochen.

Grün

Grün hat eine beruhigende Wirkung. Es sorgt für Ausgleich, Sicherheit und Geborgenheit. Grün gibt der Seele positive Impulse, weckt die Lust auf Entdeckungen. Grün gilt als Quell der Kreativität.

Ein grüner Raum wirkt erholsam und vitalisierend und hat einen regenerierenden Einfluss auf den Organismus. Grün kann man weder als warme noch als kalte Farbe bezeichnen, grüne Farbtöne werden oft als Ausgleich zweier Pole empfunden. Grüntöne wirken freundlich und entspannend.

Eine Abtönung mit Blau macht Grün wesentlich kälter und aggressiver.

Grün eignet sich hervorragend für die Gestaltung von Wohn- und Arbeitsbereichen, die Ruhe ausstrahlen und zu geistiger Tätigkeit und Kreativität anregen sollen.

Tipps & Tricks

◆ Frisches, helles Grün – ob als Farbe oder in Form von Pflanzen – sollte immer Bestandteil eines Raumes sein.

Hinweis

◆ Ein Raum wirkt niedriger, wenn Sie ein waagerecht ausgerichtetes Muster kleben, die Decke dunkel tapezieren oder streichen. Eine andere Möglichkeit ist, nicht bis zur Decke zu tapezieren, sondern einen breiten Streifen der Wand freizulassen.

◆ Ein Raum wirkt höher, wenn Sie ein senkrechtes Muster wählen, die Decke sehr hell tapezieren und zusätzlich beleuchten. Die Wandtapezierung oder Wandfarbe sollte bis zur Decke reichen.

Rosa

Rosa wirkt besänftigend, macht empfänglich für die Stimmungen anderer Menschen und baut Aggressionen ab. Laut Expertenmeinung ist Rosa die beste Farbe fürs Schlafzimmer. Rosafarbene Wände kommen besonders gut zur Geltung, wenn sie mit Accessoires in kräftigen Tönen aus dem Rosabereich wie Cyclam oder Fuchsia oder einer Komplementärfarbe wie Maigrün kombiniert werden.

Lila

Lila, Violett oder **Purpur** wirken feierlich und eignen sich gut für Empfangsräume. In Wohnräumen könnte auf Dauer eine zu sakrale Stimmung entstehen. Violett macht passiv und wirkt beruhigend.

Hinweis

◆ Ein Zimmer gewinnt an Tiefe, indem eine Wand in einer zurücktretenden Farbe gehalten wird und die Seitenwände hell bleiben.

Hinweis

◆ Brauntöne wirken angenehmer, wenn in der Farbe ein stärkerer Rotanteil vorhanden ist.

Braun

Braun verleiht einem Raum einen natürlichen, rustikalen Charakter und strahlt Gemütlichkeit aus.

Erdtöne wie **Ocker, Siena und Umbra** wärmen und dämpfen zugleich, sie wirken beruhigend und ausgleichend. Sie können fast überall in der Wohnung eingesetzt werden.

Schön zu braungetönten Wänden wirkt ein gebrochenes Weiß. Möbel und Accessoires in hellen, zurückhaltenden Tönen sind ebenfalls ideale Begleiter.

Weiß, Schwarz, Grau

Weiß, Schwarz und **Grau** sind so genannte Nichtfarben. Sie werden idealerweise als Kombinationsfarben eingesetzt. Allerdings wirken zu viel Schwarz und Grau schnell düster und schwer.

Weiß ist zwar eine neutrale Farbe, spielt aber in der farbigen Raumgestaltung eine wichtige Rolle, um andere Farbgruppen zu neutralisieren, aufzuhellen und um belebende Akzente zu setzen.

Hinweis

◆ Ein großer Raum wirkt kleiner durch ein diagonal verlaufendes bzw. großes Muster und/oder kräftige Farben.

Die Analyse der Wand

Wie ist die Wand beschaffen?

Tipps & Tricks

◆ Frischer Putz muss gründlich durchgetrocknet sein, bevor man ihn streichen oder tapezieren kann. Alte Putze saugen sehr stark, deshalb sollte man einmal mit Tapetenkleister vorstreichen. Dafür gibt es speziellen „Neuputzkleister". Verwenden Sie einen guten Markenkleber.

Schauen Sie sich den Untergrund, den Sie bearbeiten wollen, sorgfältig an. Nicht auf allen Wänden hält Farbe und Tapete gleichermaßen gut. Gibt es noch alte Beläge? Finden Sie auffällige Verfärbungen? Ist die Oberfläche gleichmäßig? Auf den folgenden Seiten finden Sie gezielte Hilfen, um festzustellen, wie eine perfekte Wand zur Weiterbearbeitung beschaffen sein sollte, bzw. wie Sie aus einer mangelhaften Wand eine „gute" machen können.

Um Ihre Wand für die weitere Bearbeitung vorzubereiten, benötigen Sie folgende Werkzeuge:
Mit der Kleisterbürste (1) und Wasser oder einem speziellen Ablösergemisch lösen Sie die alte Tapete an. Müssen zuvor kleine Löcher oder Risse im Putz beseitigt werden, rühren Sie die benötigte Gipsspachtelmasse in einer Gipsschale (2) an.

Einen so genannten Tapetentiger (3) benötigen Sie, um wasserundurchlässige Tapeten vor dem Ablösen zu perforieren. Mit dem Klebeband (4) können Sie unter anderem prüfen, ob alte Anstriche vor dem Tapezieren entfernt werden müssen.
Mit einem Heizkörperpinsel (5) und Wasser testen Sie vor den Tapezier- und Malerarbeiten die Saugfähigkeit der Wand.
Einen Maler- oder Stuckateurspachtel (6) brauchen Sie zum Spachteln von Löchern oder Rissen im Untergrund. Mit dem Flächenspachtel (7), auch Kauppspachtel genannt (8), wird die Spachtelmasse eben gespachtelt. Anschließend wird die Wand mit einem Schleifklotz und Schleifpapier (8) geglättet.

Die Wand muss grundsätzlich trocken, tragfähig, saugfähig, fettfrei, sauber, neutral, weitgehend einheitlich im Farbton, fest, nicht sandend, glatt und eben sein!

Wand prüfen

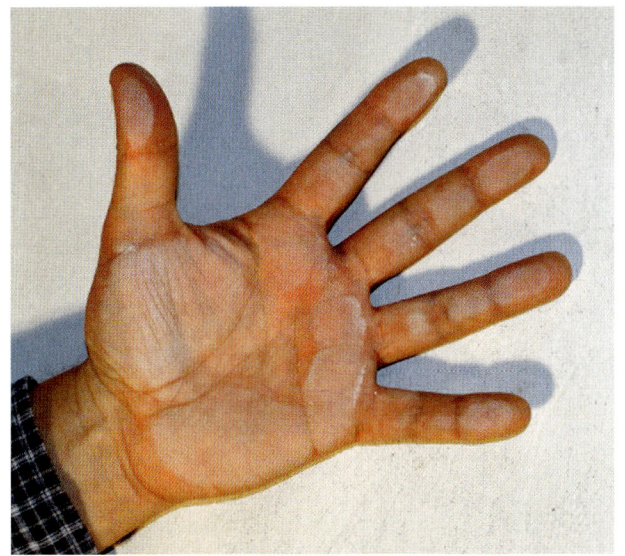

Um den Zustand Ihrer Wand beurteilen zu können, müssen Sie sie zuvor einer genauen Prüfung unterziehen. Wie Sie dabei vorgehen, erfahren Sie hier.

Mit der Hand prüfen:
Mit der Hand über die Wand fahren, um eine sandende Wand zu erkennen. Mit einem kleinen Hammer das Abplatzen des Putzes prüfen, Glätte der Wand prüfen.

Mit Wasser prüfen:
Wasser mit einem Pinsel aufspritzen oder aufstreichen. Verschwindet das Wasser sofort, verhält sich die Wand übermäßig saugfähig. Ursache ist oft ein kreidiger Untergrund, Sie merken es auch daran, dass die Handfläche beim Darüberfahren weiß wird.
Läuft das Wasser die Wände herunter, ist deren Saugkraft eher schlecht.

Optische Prüfung:
Schauen Sie nach Flecken (Wasserflecken, Teer, Schimmel, Rostflecken, die z. B. bei Ofenrohren, Kanten von Eckschienen entstehen können) oder gelben Salpeterflecken in alten Gebäuden, die durch Feuchtigkeit entstanden sind. Legen Sie Ihr Augenmerk auch auf Abplatzungen des Putzes, Dübellöcher und Risse (Putzrisse, Trocknungsrisse). Prüfen Sie die Ebenheit der Wand, indem Sie z. B. mit einem Strahler oder mit einer Richtlatte messen.

Bei Gipskartonwänden sollten Sie die Fugenausbildungen im Auge behalten, beispielsweise die Anschlussfugen zwischen Gipskarton und Decke. Prüfen Sie Verspachtelungen auf ihre Ebenheit, damit Sie z. B. schlecht eingeputzte Fenster erkennen.

Tipps & Tricks

◆ Markieren Sie alle schadhafte Stellen an der Wand mit Bleistift.

Wichtig

Bei auffälligen Schäden, z. B. große Wasserflecken, Ursache prüfen und eventuell Fachmann zu Rate ziehen!

◆ Verputzte Wand-
flächen, Gipsplatten
oder sandende Wände
sollten vor dem ersten
Tapezieren grundiert
werden. Das verfestigt
den Untergrund und
stellt sicher, dass der
Tapetenkleister überall
gleichmäßig aufge-
saugt wird und sich die
Tapete später besser
entfernen lässt.

Schäden an der Wand beheben

Hier finden Sie Hinweise, wie die genannten Mängel von Seite 17 zu beheben sind:

– Sandende Wand: Lösungsmittelfreien Tiefengrund
nach Herstellerangaben verdünnen und mit Kleisterbürste oder Pinsel auf die Wand auftragen. Achtung,
nicht zu dick aufragen, sonst entsteht eine „Speck-
schicht".

– Schimmel: Ein Schimmelbefall in der Wohnung muss
gründlich saniert werden, denn Schimmel ist nicht nur
gesundheitsschädlich, sondern kann auch die Bausubs-
tanz zerstören.
Achtung: Maske, Handschuhe und Augenschutz tragen,
Schimmel nicht abbürsten oder abkehren – es besteht
Gesundheitsgefahr durch das Einatmen giftiger Parti-
kel! Kleine Flecken nass abwaschen und mit fungiziden
Mitteln aus dem Baumarkt behandeln. Größere Flächen
von einem zertifizierten Betrieb behandeln lassen.

– Loser Putz: Losen Putz vorsichtig abklopfen. Sandende Stellen mit Tiefengrund festigen, damit der Putz
hält. Mit Gipshaftputz (Flächenputz) füllen und mit
Feinspachtel bearbeiten, eben schleifen.

– Zu rauer Putz: Wände glätten – spezielle Schleif-
geräte sind als Leihgeräte im Baumarkt erhältlich –
oder mit Schleifklotz und Schleifpapier (100er Körnung)
bearbeiten.

– Wasserflecken mit Isolier-Grundierung (Absperrmittel) überstreichen, um ein „Durchbluten" zu verhindern.
  Zuvor Ursache klären!

– Rostflecken nach Ursachenklärung mit spezieller Alufolie absperren, Schienen, z. B. Putzschienen, mit Rost-
  schutzmittel vorstreichen.

– Gipskarton muss grundsätzlich imprägniert werden. Achtung: Fragen Sie nach, ob sich bereits Imprägnierung auf
  der Wandoberfläche befindet. Mit zu viel Grundierung könnte der folgende Wandbelag nicht mehr haften. Fugen
  mit spezieller Gipsspachtelmasse und eventuell mit speziellem Gewebeband verspachteln. Anschließend eben
  schleifen. Die Oberfläche des Gipskartons darf dabei nicht beschädigt werden. Vorsicht mit dem Abschleifen bei
  weichen Wänden!

Risse und kleinere Löcher ausbessern

Ziehen Sie nicht mehr benötigte Dübel mit einer Zange aus der Wand (1). Damit die Spachtelmasse an der Fläche haftet, befreien Sie das Loch oder den Riss mit einem Abstauber von Staub oder Bruchstücken von Putz (2). Rühren Sie die Spachtelmasse nach den Angaben des Herstellers mit kaltem, klaren Wasser klumpenfrei an (3). Drücken Sie mit einem kleinen Malerspachtel die Spachtelmasse in das Loch (4).Überstehende Masse glätten Sie mit einem Kauppspachtel eben (5). Bei breiteren oder größeren Löchern und Rissen muss zusätzlich noch spezielles Gewebe eingespachtelt werden (6).

Tipps & Tricks

◆ Dübel, die sich nicht mit der Zange herausziehen lassen, klopfen Sie am besten mit einem Hammer ganz in die Wand hinein und verspachteln das Loch anschließend.

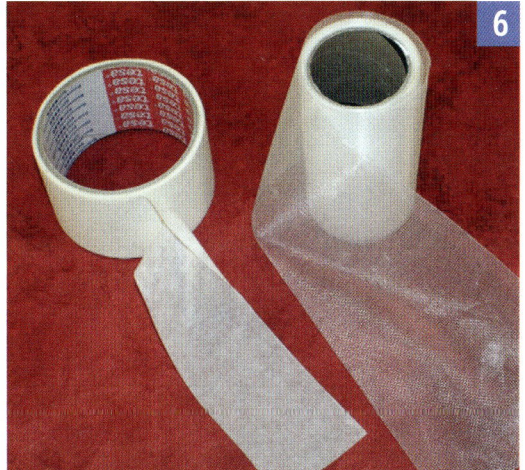

◆ Dünne Tapete muss nach dem Benetzen mit Tapetenablöser schnell entfernt werden, da sie beim Trocknen evtl. wieder an der Wand haftet.

◆ Auch dünn ange-rührter Kleister kann Tapeten lösen.

◆ Bei so genannten spaltbaren Tapeten lässt sich die obere Schicht Papier trocken von der Wand abzie-hen. Die weiteren Schichten müssen mit Tapetenablöser wie beschrieben entfernt werden.

Hinweis

◆ Glasfaser lässt sich meist nicht mehr ent-fernen (prüfen).

Tapeten entfernen

Prüfen Sie zunächst, um was für eine Tapete es sich bei dem alten Wandbelag handelt. Ist sie **wasserdurchlässig, wasserundurchlässig** oder sind schon **mehrere Schichten Farbe auf der Tapete** vorhanden?

Wasserdurchlässige Tapeten

Tragen Sie mit der Kleisterbürste Wasser auf die Tapete auf. Färbt sich der Wandbelag durch die eindringende Feuchtigkeit nach kurzer Zeit dunkel, ist die Tapete feuchtigkeitsdurchlässig.
Hier funktioniert das Ablösen der Tapete ohne weitere Vorarbeiten. Besonders schnelle Ergebnisse erreichen Sie mit einem Tapetenablöser. Einfach die Tapete mit dem Ablösergemisch (Ablöseranteil nach Herstellerangaben) einstreichen und einweichen lassen. Nach ca. 5 bis 15 Minuten kann die Tapete mit Hilfe eines Spachtels problemlos von der Wand gelöst werden.

Wasserundurchlässige und mehrfach überstrichene Tapeten

Tragen Sie mit der Kleisterbürste Wasser auf die Tapete auf. Perlt das Wasser ab oder färbt sich die Tapete auch nach kurzer Zeit nicht dunkel, ist die Tapete wasserundurchlässig.
Vor dem Ablösen müssen Sie die Tapete mit einer Nagelwalze (1) oder einem Tapetentiger (2) perforieren. Streichen Sie sie anschließend mit Wasser und Tapetenablöser ein (Löseranteil nach Herstellerangabe), eventuell zwei- bis dreimal (3). Nach der Einweichzeit ziehen Sie die Tapete mit Hilfe eines Malerspachtels von der Wand (4).

 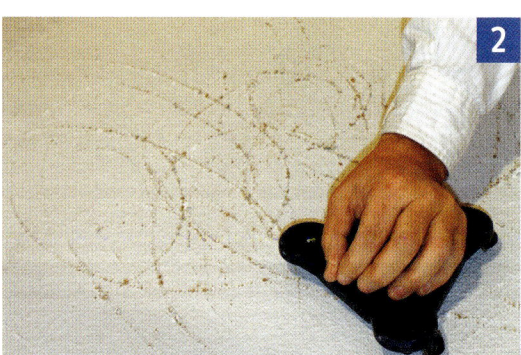

Das sollten Sie wissen!

Im Bild ist links ein starrer und rechts ein flexibler oder federnder Spachtel zu sehen. Der starre Spachtel wird auch als Malerspachtel bezeichnet, der flexible, dessen Stahlblatt federnd ist, heißt Kropfspachtel. Der hochwertigere Kropfspachtel ist zwar teurer, aber die Anschaffung lohnt sich in jedem Fall. Das Abtapezieren geht mit einem solchen Spachtel wesentlich leichter von der Hand, zudem ist er universeller einsetzbar.

Auch hartnäckige Tapetenreste müssen immer entfernt werden. Man streicht sie wiederholt mit Tapetenablöser ein, lässt den Ablöser lange genug einwirken und entfernt dann die Reste mit dem Spachtel. Nur perfekt abtapezierte Wände lassen sich problemlos weiterverarbeiten.

Ein immer wieder auftretender Anfängerfehler besteht darin, den Tapetenablöser aufzustreichen und sofort mit dem Abziehen der Tapete zu beginnen. Dabei kann es passieren, dass der Löser die Tapete noch nicht gut genug aufgeweicht hat und Sie sich durch noch festsitzende Tapetenbahnen die Arbeit unnötig erschweren. Daher gilt: Streichen Sie unbedingt genügend Tapetenablöser auf und lassen Sie ihn lange genug einwirken. Vorsicht, der Untergrund darf beim Abziehen der Tapete nicht beschädigt werden. Entstandene Rillen und Löcher müssen zugespachtelt werden.

Tipps & Tricks

◆ Selbst fest haftende Tapeten lassen sich mit Tapetenentferner entfernen. Probieren Sie einfach verschiedene Marken aus.

◆ Für besonders schwierige Fälle gibt es auch Dampfablöser. Solch ein Gerät können Sie im Baumarkt ausleihen.

Tipps & Tricks

◆ Kalkfarbe oder Leim lässt sich meistens durch mehrmaliges Abwaschen mit warmem Wasser entfernen.

Hinweise

◆ Ganz hartnäckige Farbbeläge können mit Abbeizer behandelt werden.
Achtung: Sparsam dosieren und unbedingt die Gebrauchsanweisung des Herstellers beachten.

Alte Farbe entfernen

Ist keine Tapete vorhanden, sondern die Wand direkt gestrichen worden, muss die Tragfähigkeit des Anstrichs überprüft werden.
Stellen Sie zunächst fest, ob die Farbe haftend ist. Dazu wird Klebeband auf die Wand geklebt und mit einem Ruck abgezogen. Haftet die Farbe hauptsächlich auf der Wand, lässt sich darauf gut tapezieren. Haftet die alte Farbe jedoch nicht mehr fest – was sich durch zu viel Farbe auf dem Klebeband zeigt – muss der alte Farbbelag entfernt werden. Das geschieht entweder durch Anlösen mit Wasser und anschließendes Abbürsten oder durch Abschleifen.

Sockelleisten entfernen

Vor dem Tapezieren müssen natürlich auch die Sockelleisten abgelöst werden. Am einfachsten zu entfernen sind geschraubte Sockelleisten. Meist sind das Holzsockelleisten. Nach dem Entfernen beschriften Sie die Leisten auf der Rückseite oder versehen sie mit Nummern, praktischerweise nach ihrer Lage im Uhrzeigersinn. Klebesockelleisten sind meist aus dünnem Kunststoff, diese sind nach dem Entfernen meist nicht mehr zu gebrauchen. Genagelte Sockelleisten werden beim Entfernen leider oft beschädigt, der häufigste Grund dafür ist, dass die Nägel meist im Untergrund eingerostet sind.

Vorsicht Verletzungsgefahr! Nägel aus Sockelleisten müssen sofort entfernt oder die Leisten müssen komplett an einem sicheren Platz aufbewahrt werden.

Umweltgerechte Entsorgung

Heute ist es Pflicht, Werkstoffreste so zu entsorgen, dass die Umwelt dabei keinen Schaden nimmt. Farbreste gehören nicht einfach in die Kanalisation. Fragen Sie in Ihrem Wohnort (Abfallbehörde, Landratsamt) nach, wo Sie unbrauchbare Reste abladen dürfen. Die gesetzlichen Bestimmungen sind teilweise von Bundesland zu Bundesland verschieden. Wer die Umwelt achtlos mit Giftstoffen belastet (diese können möglicherweise in Materialien enthalten sein, die zum Renovieren gebraucht werden), macht sich sogar strafbar.

Die Hersteller informieren meist auf den Etiketten über die richtige Entsorgung.
Die folgende Auflistung gibt ebenfalls Orientierung:

Tapetenkleister: Der Kleister darf in den Abguss gekippt werden.

Dispersionsfarbe: Größere Reste im Eimer müssen bei einer Schadstoffsammelstelle abgegeben werden. Kleine Mengen lassen Sie eintrocken und geben diese dann in den Restmüll.

Lackfarben: Größere Mengen zur Schadstoffsammelstelle bringen. Kleine Mengen in der Dose lassen Sie eintrocknen und entsorgen alles im Restmüll.

Tapetenreste: Tapeten dürfen in den Restmüll.

Spachtelmasse: Masse aushärten lassen und über den Restmüll entsorgen.
Größere Mengen werden von örtlichen Müllannahmestellen entgegengenommen.

Lösemittel, Verdünnung, Abbeizer: Reste bei einer Schadstoffsammelstelle abgeben.

Tapezieren

Warum schmücken wir unsere „eigenen vier Wände" mit Tapeten? Nackte Wände wirken auf viele Menschen ungemütlich, lieber umgeben wir uns dagegen mit einer Atmosphäre des Wohnlichen und der Geborgenheit. Gestaltungsmittel für schöne Wände gibt es viele, das beliebteste und vielfältigste bleibt die Tapete. Tapetenmuster gibt es in unzähligen Farbzusammenstellungen und mit verschiedensten dekorativen Oberflächen. Auch wenn das Design mit der Zeit wechselt, haben sich Qualität und Verarbeitungseigenschaften stetig verbessert. So ist auch heute ein Laie in der Lage, die beliebte Wanddekoration anzubringen. Damit es perfekt wird, finden Sie hier eine einfache Anleitung und Tipps dazu.

- Erste Schritte
- Das richtige Werkzeug
- Tapeten, Kleister und Co.
- Symbole, Gütezeichen, Euronormen
- Vor dem Tapezieren
- Richtig Tapezieren
- Ausbesserungsarbeiten

Grundlagen

Checkliste:
- Wand prüfen
- Stil finden
- Bedarf ermitteln
- Werkzeug und Verbrauchsmaterial besorgen
- Wand vorbereiten

Erste Schritte

Auch Sie können tapezieren. Ein gutes Ergebnis hängt vor allem von der sorgfältigen Planung und bedachtem Schritt-für-Schritt-Vorgehen ab. Auch die Qualität des Werkzeugs und der Verarbeitungsmaterialien trägt maßgeblich zu einem störungsfreien Arbeiten und einem Resultat bei, an dem Sie noch lange Freude haben werden. Beginnen Sie mit der Planung, indem Sie nebenstehende Checkliste abhaken.

Wand prüfen

Prüfen Sie zunächst den Untergrund, auf dem die Tapete später halten soll. Meist werden Tapeten auf Gipswänden aufgebracht. Um eine perfekte Wand für die Weiterbearbeitung zu erhalten, finden Sie eine entsprechende Anleitung und viele Tipps in Kapitel 1 „Vorbereitung".

Stil finden

Mit den Farben, Mustern und Strukturen Ihrer Tapete schaffen Sie eine stimmige und persönliche Wohnwelt. Ihre Auswahl kommt aber nur dann richtig zur Geltung, wenn die Tapete auf die Einrichtung abgestimmt ist und in die Raumdimension passt. Die Nutzung Ihrer Räume ist ebenso entscheidend wie Ihr persönlicher Geschmack. Welcher Stil passt denn nun zu mir und meinen Räumen? Nützliche Hinweise und Tipps, die bei dieser Fragestellung helfen, finden Sie ebenfalls in Kapitel 1 „Vorbereitung".

Das richtige Werkzeug

◆ Den Tapeziertisch können Sie auch als Multifunktionstisch einsetzen. Alternativ können Sie sich auch eine Holzplatte (OSB oder rohe Spanplatte, mindestens 260 cm x 60 cm) im Baumarkt zusägen lassen und diese später weiterverwenden.

◆ Legen Sie sich zwei Meterstäbe zurecht, damit arbeiten Sie leichter.

◆ Mit etwas Kleister hält der Bleistift hinter dem Ohr besser.

Ihre Grundausstattung

Mit gutem Werkzeug gelingt Ihnen Vieles leichter und schneller. Verwenden Sie qualitativ hochwertige Geräte, dann macht die Arbeit Spaß. Baumärkte bieten eine große Auswahl an allen Werkzeugen, die Sie zum Tapezieren brauchen. Hüten Sie sich vor „Spezial"-Werkzeug. Die notwendige Grundausrüstung sehen Sie hier:

Ein guter Tapeziertisch (1) ist mit einem stabilen Gestell ausgestattet, die Platte besteht aus Holz.
Klebeband (2), Heizkörperpinsel (3) und Wasserwaage (4) leisten gute Dienst und gehören zu Ihrer Grundausstattung ebenso dazu wie ein Meterstab (5) und ein Bleistift (6).

Für die Arbeit benötigen Sie in jedem Fall eine Tapezierbürste, noch besser ist ein Tapezierwischer (7). Zum Auftragen des Tapetenkleisters (8) dient die Kleisterbürste (9).

Gute Tapezierscheren (10) erleichtern Ihnen die Arbeit, sie sollten rostfrei und mindestens 280 mm lang sein. Zum Abschneiden der eingekleisterten Tapetenbahn an der Wand können Sie auch einen Cutter (11) verwenden. Einen Nahtroller, konisch (!) geformt (12), brauchen Sie, um die Nähte der Stoß an Stoß geklebten Tapetenbahnen gut anzudrücken. Eine Tapezier-Rakel (13) dient zum Abreißen der Tapete.

14

Die Anschaffung eines Kleistergerätes (14) lohnt sich, weil der Laie damit viel leichter arbeiten kann. Der Kleister kann schneller und gleichmäßiger auf die Tapeten aufgetragen werden. Auch manche Baumärkte verleihen Kleistergeräte.

Mit dem Tapezierspachtel (15) wird die Tapete blasenfrei an die Wand gedrückt. Es gibt unterschiedliche

Spachtel zur Bearbeitung der verschiedenen Tapetenarten. Klären Sie vor dem Kauf ab, ob der Spachtel für Ihre Tapete geeignet ist.

Eine stabile Leiter, ein Kleistereimer, eventuell ein Farb- oder Moosgummi-Roller, eine Uhr mit Sekundenzeiger und ein Taschenrechner machen Ihre Grundausstattung komplett.

Hinweis

◆ Für Raufasertapeten gibt es spezielle Tapezierscheren, die den einwandfreien Schnitt der Holzspäne ermöglichen.

Tipps & Tricks

◆ Achten Sie beim Kauf der Kleisterbürste auf gute Qualität, diese Bürste kann immer wieder verwendet und verschiedentlich eingesetzt werden.

15

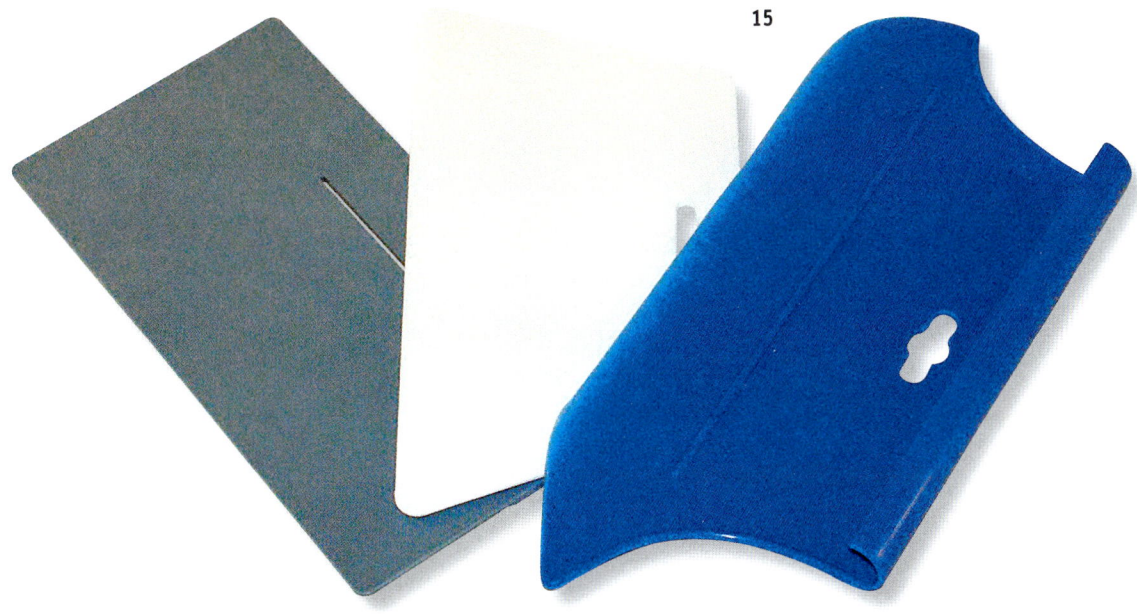

Tapeten, Kleister und Co.

Tipps & Tricks

◆ Verwenden Sie ein Qualitätsprodukt. So können Sie sicher sein, dass die Tapete auch tatsächlich an der Wand bleibt.

Kleister und Kleber

Tapetenkleister: Je nach Wandbelag gibt es verschiede Kleistertypen. Wenn Sie sich für eine Tapete entschieden haben, werden Sie dafür auch den passenden Kleister bzw. Klebstoff finden. Oft wird auf dem Beipackzettel der Tapeten bereits ein geeigneter Kleber empfohlen.

Wandbelagkleber: Der Kleber (z. B. OvalitT) dient unter anderem zur Verstärkung des Kleisters (bis 20%). Das ist bei starken Tapeten sinnvoll. Es gibt auch Tapeten, die spezielle Kleber erfordern, z. B. Glasfasertapeten.

Makulaturtapeten: Makulatur ist eine Untertapete, die bei Bedarf mit Kleister oder

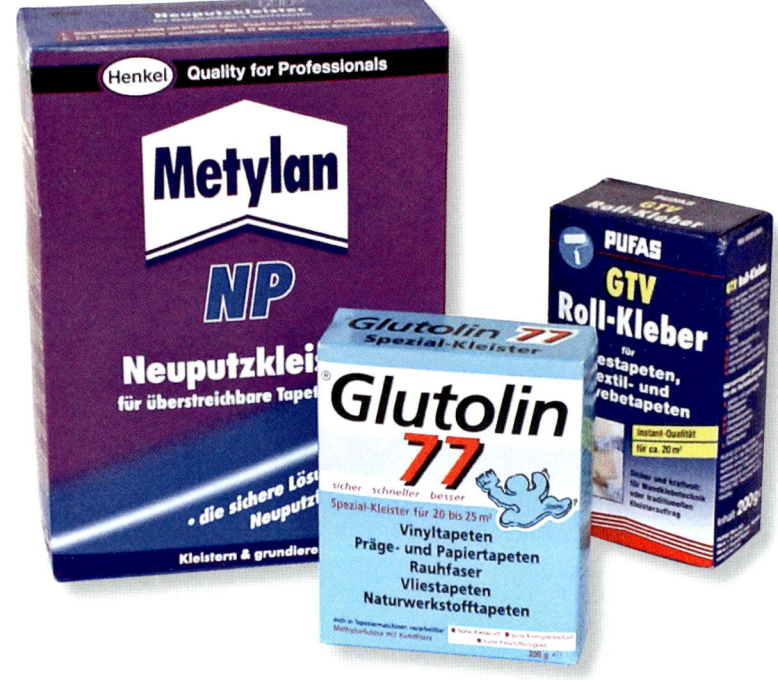

Spezialkleber an Wände und Decke geklebt wird. Durch ihre stark deckenden Eigenschaften schafft sie einen saugfähigen und farbig gleichmäßigen Untergrund. Diese Untertapete findet vor allem unter durchscheinenden Tapeten Verwendung. Außerdem erleichtert Makulatur das Tapezieren, spätere Nahtöffnungen können so vermieden werden. Zudem kann Makulatur das spätere Ablösen der Tapete erleichtern. Makulatur gibt es in verschiedenen Stärken, sie muss auf den folgenden Wandbelag abgestimmt werden.

Tapeten

Grafische Mustertapeten, Tapeten aus Textil und Naturmaterialien, Bordüren, Tapeten im Retro-Style oder Fototapeten – die Liste der angebotenen Wandbeläge ließe sich beliebig ergänzen. Aber Tapete ist nicht gleich Tapete. Einige Wandbeläge lassen sich wesentlich leichter verarbeiten als andere. Das riesige Angebot kann in grobe Kategorien eingeteilt werden. Die entsprechende Einteilung und was sonst noch wichtig beim Tapetenkauf ist, finden Sie in: Allgemeine Hinweise zum Einkauf.

Hinweis

◆ Tapeten, Vliese und Glasfasergewebe, die im Wandklebeverfahren geklebt werden, sind immer dimensionsstabil.

Dimensionsstabilität prüfen:
Einen schmalen Streifen Tapete abschneiden, einkleistern und an die Wand kleben, Enden mit Bleistift markieren und 10 Minuten quellen lassen. Wenn der Streifen sich verbreitert hat, heißt das, die Tapete ist nicht dimensionsstabil. Mit diesem Test kann man auch die Klebekraft des Kleisters prüfen.

Allgemeine Hinweise zum Einkauf:

◆ Achten Sie darauf, dass alle Tapetenrollen aus derselben Fertigungsserie (Chargennummer) stammen. So schließen Sie Farb- und Musterabweichungen von Rolle zu Rolle aus.

◆ Prüfen Sie vor dem Kauf die Rollenverpackung, schadhafte Stellen können Tapetenkanten zerstören. Kaufen Sie immer verpackte Rollen mit unbeschädigten Kanten!

Ein wichtiges Kriterium zur Unterscheidung von Tapeten ist deren Verarbeitung. Vergewissern Sie sich: Sind es Wandbeläge, die fix und fertig nur auf die Wand geklebt werden oder muss die Tapete überstrichen werden? Für manche Tapeten gilt sowohl als auch. Weiter werden Tapeten in quellende und nicht quellende (dimensionsstabile) Beläge eingeteilt (siehe Dimensionsstabilität prüfen). In der folgenden Auflistung der Tapetentypen (siehe Seite 32f.) finden Sie eine Übersicht über die gängigen Tapeten, die alle im Baumarkt vorrätig sind.

◆ Der spätere Anstrich mit bestimmten Farben (z. B. Lackfarben) kann die Atmungsaktivität der Raufaser hemmen.

Wichtig:

Vermeiden Sie Tapetenüberlappung im Nahtbereich, die Überschneidungen sieht man auch noch nach dem Streichen.

Tapetentypen

Raufaser

Raufaser wurde 1864 von dem Apotheker Hugo Erfurt (1834–1922) erfunden. Zunächst verwendete man sie als Dekorationspapier für Schaufenster und als Basispapier für Leimdrucktapeten. In den 20er-Jahren des letzten Jahrhunderts begann man, Raufaser als Wandbelag bei der Innenraumgestaltung zu nutzen. Hugo Erfurt war ein Enkel des Papiermachers Friedrich Erfurt, der 1827 das Unternehmen „Erfurt & Sohn" bei Wuppertal gegründet hatte, dem heute weltweit größten Produzenten von überstreichbaren Tapeten.

Raufaser-Tapeten sind sehr beliebt und vielseitig einsetzbar. Sie sehen auch nach mehrmaligem Überstreichen mit Dispersionsfarben noch gut aus. Durch ihre strukturierte Oberfläche gleichen Sie Unebenheiten und kleine Risse auf dem Untergrund aus, sind atmungsaktiv (diffusionsfähig) sowie strukturstabil.

Der Aufbau aus unterschiedlichen Papierschichten ist für die sehr hohe Reißfestigkeit und Robustheit – auch im nassen Zustand (!) – verantwortlich. Die typische raue Oberfläche der Tapete entsteht durch die eingearbeiteten Holzfasern. Wenn Sie der Umwelt und Ihrem Gewissen etwas Gutes tun wollen, wählen Sie am besten eine Raufaser-Tapete mit Recycling-Fasern. Heutzutage bestehen fast alle hochwertigen Raufaser-Tapeten aus mindestens 90% Recycling-Fasern. Verwenden Sie ausschließlich Marken-Raufasertapete, denn die Tapeten von Billiganbietern reißen nach Einweich- und Quellzeit erheblich leichter, was die Arbeit für den Anfänger erschwert. Raufasertapeten werden ansatzfrei auf Stoß verklebt, dadurch sind sie leicht zu verarbeiten.

Schwierigkeitsgrad der Verarbeitung: Sehr einfach zu verarbeiten, anfängerfreundlich.

Papiertapeten

Papiertapeten bestehen in der Regel aus mindestens zwei Papierschichten, von denen die obere Schicht farbig bedruckt ist.

Schwierigkeitsgrad der Verarbeitung: Papiertapeten sind oft empfindlich und somit schwieriger in der Verarbeitung.

Hinweis

◆ Schauen Sie beim Tapetenkauf genau hin! Bisweilen können bei überalterten Tapetenrollen die Ränder vergilbt sein. Das hat zur Folge, dass sich trotz Sorgfalt beim Tapezieren im Nachhinein die Nähte gelb abzeichnen.

◆ Verwenden Sie bei Prägetapeten möglichst keinen Nahtroller. Die Prägung könnte beschädigt werden.

Papierprägetapeten

Papierprägetapeten guter Qualität werden hergestellt, indem zwei Papierbahnen zusammengeklebt und im noch frischen Zustand mit Prägewalzen bearbeitet werden („Duplex-Prägung"). Einige Papierprägetapeten besitzen bereits eine fertig gestrichene Oberfläche, andere müssen zusätzlich mit Dispersionsfarben gestrichen werden. Beachten Sie die Herstellerangaben!

Schwierigkeitsgrad der Verarbeitung: Einfach zu verarbeiten, da das Prägemuster – vor allem bei teureren Papierprägetapeten – so dauerhaft eingestanzt ist, dass man es quasi kaum beschädigen kann. Insgesamt anfängerfreundlich.

◆ Meist lassen sich Vinyltapeten auch nach Jahren noch mit Dispersionsfarbe überstreichen.

Profiltapeten

In einem besonderen Herstellungsverfahren erzielt aufgeschäumter Kunststoff bei **Profil-** oder **Strukturvinyl-Tapeten** ein vollflächiges, reliefartiges Design von beeindruckender Plastizität und Lebendigkeit. Die dreidimensionale Reliefwirkung kann, je nach Tapete, durch eine entsprechende Farbgebung noch verstärkt werden. Profiltapeten sind vergleichsweise teuer, weisen dafür in aller Regel aber erstklassige Qualitätsmerkmale auf. Durch ihre Atmungsaktivität, ihre hohe Beständigkeit gegen Lichteinflüsse und ihre schwere Entflammbarkeit eignen sie sich auch für Räume, deren Luftfeuchtigkeit über dem Durchschnitt liegt, beispielsweise Bad und Küche. Mit der Raufasertapete hat die Profiltapete ihre Robustheit gemein: Die Reliefstruktur ist so beständig, dass sie nach dem Andrücken einfach wieder in voller Höhe herausfedert.

Schwierigkeitsgrad der Verarbeitung: Profiltapeten vertragen einen etwas gröberen Umgang beim Tapeziervorgang, womit sie sich für Anfänger gut eignen. Sie sind allerdings nicht ganz so einfach in der Handhabung wie Raufasertapeten. Da die Reliefstruktur nur an der Vorderseite angebracht und die Rückseite glatt ist, können Profiltapeten nicht nur manuell, sondern auch mit Kleistergeräten eingekleistert werden. Sie können zudem auch hervorragend an der Decke angebracht werden.

Hinweise

◆ Glasfasertapete wird im Wandklebeverfahren (siehe Seite 56f.) tapeziert.

◆ Die in der Glasfasertapete enthaltenen Glaspartikel und Fasern reizen bei der Verarbeitung häufig die Haut, die dann zu jucken beginnt. Tragen Sie also besser Schutzkleidung und Atemschutz.

Tipps & Tricks

◆ Mit Klebeband lassen sich juckende Glaspartikel relativ gut von der Haut entfernen.

Glasfasertapete

Glasfasergewebe ist verrottungsfest, formstabil und wasserfest. Es steht in vielen interessanten Strukturen zur Wahl und hat den Vorteil, dass sich durch seine hohe Zugfestigkeit auch Risse überbrücken lassen. Glasfasertapeten sind besonders geeignet für beanspruchte Bereiche wie Treppenhäuser, Flure, Sanitärbereiche, Aufenthaltsräume oder Arztpraxen. Glasfaser wird in Rollen mit einer Breite von 75 cm bis 106 cm und einer Länge von 25 Metern verkauft.

Tapeziert wird mit einem Spezialkleber, der in der Regel auf die Wand aufgetragen wird. Anschließend wird die Tapetenbahn in das Kleberbett eingelegt und angedrückt. Wenn die Klebung durchgetrocknet ist, kann die Glasfasertapete mit Latexfarben oder Dispersionsfarben gestrichen werden.

Schwierigkeitsgrad der Verarbeitung: Für Anfänger nicht geeignet.

Hinweise

◆ Vlies und Vlies-
faser sind in der Regel
dimensionsstabil (vgl.
Seite 31).

◆ Für Profis sind
auch Bahnenbreiten
von 106 cm erhältlich.

Tipps & Tricks

◆ Verwenden Sie für
diese Tapete spezielle,
nicht zu dicke Disper-
sionsfarbe.

Vliesfasertapeten

Die moderne **Vlies- und Vliesfasertapete** wurde Mitte
der 1990er-Jahre entwickelt. Sie besteht aus Zellstoff
und Textilfasern. Es gibt sie in verschiedenen Strukturen, die für sich allein genommen schon dekorativ
wirken. Vliestapeten sind extrem abriebfest, atmungsaktiv und feuchtigkeitsregulierend. Das dimensionsstabile Vliesmaterial lässt sich ganz einfach in Wandklebetechnik (siehe Seite 56 f.) an Wand und Decke
anbringen. Außerdem kann die Tapete leicht überstrichen werden.
Das Muster der Vliesfasertapete entsteht durch Prägung in modernen Verfahren ohne PVC, Vinyl oder
andere geschäumte Kunststoffe.

Schwierigkeitsgrad der Verarbeitung: Ihre Eigenschaften machen Vlies- bzw. Vliesfasertapeten zu einer
sehr hochwertigen Anfängertapete.

Hinweis

◆ Metalltapeten besitzen eine empfindliche Oberfläche. Sie sollten sie daher beim Tapezieren mit einem weichen Tuch andrücken.

Metalltapeten

Metalltapeten weisen eine auf die Papierträgerschicht kaschierte Metallbeschichtung auf, die meistens aus Aluminium besteht. Das Ätzen, Oxidieren, Prägen oder gar Handkolorieren der Oberfläche ist sehr aufwändig, deshalb sind Metalltapeten sehr teuer, was ihnen einen umso exklusiveren Touch verleiht.

Schwierigkeitsgrad der Verarbeitung: Nur für Fortgeschrittene geeignet, da man jeden kleinen Arbeitsfehler in Form von Unebenheiten oder Falten sieht.

Hinweis

◆ Vor einigen Jahren
war es angesagt, die
Nischen von Heizkör-
pern mit einer spezi-
ellen Isoliertapete zu
bekleiden. So sollte die
Abwärme der Heizkör-
per besser reflektiert
und effektiver für die
Erwärmung des Raumes
genutzt werden.

Bildtapeten

Bildtapeten bestehen meist aus wandfüllenden, foto-
grafischen oder fotorealistischen Motiven. Die be-
liebtesten Bildtapeten zeigen Natur- und Landschafts-
szenen oder Fantasymotive.

Schwierigkeitsgrad der Verarbeitung: Bildtapeten sind
überwiegend Papiertapeten. Sie sind daher meistens
einfach bis mittelschwierig in der Verarbeitung. Sie
müssen auf einen absolut passgerechten Ansatz achten.

Crash-Tapete

Diese besonders exklusive Wandbekleidung ist eine
echte „VIP-Tapete", supermodern und mit dem gewissen
Etwas. Hauchzart und plissiert wirkt diese Vliestapete
besonders durch ihre plastische Oberfläche sehr kost-
bar. Mit Crash-Tapeten kann man Akzente setzen und
Hingucker in den Raum zaubern. Da diese Tapeten
durch ihren starken Crasheffekt besonders üppig wirken, kommen sie am besten auf kleineren Flächen zur
Geltung.

Sie lassen sich ebenso gut mit modernen wie mit klassischen Einrichtungen kombinieren. Crash-Tapeten sind
in vielen verschiedenen Designs erhältlich. Mit Perl-
mutt oder Metallschimmer versetzt, erzielen sie eine
besondere Wirkung. Verarbeiten Sie diese außerge-
wöhnliche Tapete, wie es der Hersteller angibt.

Schwierigkeitsgrad der Verarbeitung: Für Anfänger
nicht geeignet.

Seidentapeten

Ursprünglich war die **Seitentapete** eine Textiltapete im asiatischen Stil. Als Seidentapete bezeichnet man heute aber oft auch Papiertapeten mit edler Auflage oder eine spezielle Form der Metalltapete, deren Oberfläche seidig glänzt. Seidentapeten sind sehr empfindlich. Die bedruckte Seite darf nicht mit Kleister in Berührung kommen.

Handelt es sich um echte Seidentapete, also um eine Textiltapete, verlängert sich die Einwirkzeit für den Kleister auf 15 bis 20 Minuten. Die Verarbeitung erfordert einiges Tapeziergeschick, da die Oberfläche sehr empfindlich ist.

Schwierigkeitsgrad der Verarbeitung: Für Anfänger nicht geeignet.

Hinweis

◆ Tragen Sie bei der Verarbeitung am besten feine Baumwollhandschuhe, um die Tapete nicht zu verschmutzen.

Symbole, Gütezeichen, Euronormen

Die Tapetenhersteller versehen ihre Etiketten mit genormten Symbolen, die Auskunft über Eigenschaften und Verarbeitung der Tapeten geben.

Hinweis

◆ Billigware ist oft nicht ausreichend gekennzeichnet.

1. Wasserbeständig
Niedrigste Stufe bezogen auf die Reinigungsfähigkeit. Mit einem weichen und feuchten Schwamm können frische Kleisterflecken noch weggetupft werden.

2. Waschbeständig
Die Tapete ist mit einem Überzug beschichtet. Leichte Verschmutzungen auf der Tapete lassen sich mit einem Tuch und wenig Wasser entfernen. Eventuell mildes Waschmittel zusetzen (keine Scheuermittel).

3. Hochwaschbeständig
Verschmutzungen können mit leichter Seifenlauge und Schwamm entfernt werden. Fett oder Flecken, die Lösemittel enthalten, können nicht entfernt werden.

4. Scheuerbeständig
Die Tapete ist mit einer Kunststoffschicht versehen, in welcher die Farben des Musters fest fixiert sind (meist weichmacherhaltige PVC-Schichten).
Wasserlösliche Verschmutzungen, aber auch frische Fettflecken und lösungsmittelhaltige Verunreinigungen können mit milder Seifenlauge oder mildem Scheuermittel mit Schwamm oder weicher Bürste entfernt werden.

5. Hoch scheuerbeständig
Die Tapete ist mit einer widerstandsfähigen Kunststoffschicht versehen.
Wasserlösliche Verschmutzungen können mit Seifenlauge oder Scheuermittel mit einem Schwamm oder einer Bürste entfernt werden.

6. Ausreichende Lichtbeständigkeit

Die Farbbeständigkeit gegen Licht ist ausreichend. Bei längerer, direkter Sonneneinstrahlung neigt die Tapete zum Vergilben.

7. Befriedigende Lichtbeständigkeit

Die Farbbeständigkeit gegen Licht ist zufriedenstellend.

8. Gute Lichtbeständigkeit

Die Farbbeständigkeit gegen Licht genügt normalen Ansprüchen.

9. Sehr gute Lichtbeständigkeit

Die Farbbeständigkeit gegen Licht ist sehr gut. Diese Tapeten bleiben auch bei Sonneneinstrahlung lange farbecht.

10. Ausgezeichnete Lichtbeständigkeit

Die Farbbeständigkeit gegen Licht ist hervorragend. Diese Tapeten sind extrem farbecht.

11. Ansatzfrei

Beim Tapezieren der verschiedenen Bahnen muss kein Ansatzmuster beachtet werden.

12. Gerader Ansatz

Benachbarte Bahnen werden mit dem Muster auf gleiche Höhe geklebt.

13. Versetzter Ansatz

Benachbarte Bahnen werden jeweils um eine halbe Musterhöhe nach oben oder unten versetzt geklebt.

14. Gestürzt kleben

Benachbarte Bahnen müssen jeweils gegenläufig geklebt werden. Das heißt, jede zweite Bahn wird „auf den Kopf gestellt".

15. Tapete einkleistern

Hier wird die Tapete und nicht die Wand mit Kleister oder Kleber eingestrichen.

16. Wand einkleistern

Nicht die Tapete, sondern die Wand wird mit Kleister oder Kleber vorgestrichen.

17. Vorgekleistert

Die Rückseite der Tapete ist, ähnlich wie eine Briefmarke, mit einem mittels Wasser aktivierbaren Klebstoff beschichtet.

18. Trocken restlos abziehbar

Beim Renovieren lässt sich die Tapete trocken ohne Rückstände von der Wand oder Decke abziehen.

19. Spaltbar trocken abziehbar

Die Oberschicht dieser zweischichtigen Tapete lässt sich trocken abziehen. Die untere Schicht bleibt als Makulatur auf der Wand.

20. Nass zu entfernen

Zum Entfernen muss die Tapete zuvor mit Wasser und Tapetenablöser oder Dampfgerät eingeweicht und mit einem Spachtel entfernt werden.

21. Dupliert

Hochwertige Prägetapeten aus mindestens zwei gegeneinander kaschierten Papierschichten. Die Prägung bleibt beim Tapezieren erhalten.

22. Doppelnahtschnitt

Bei schweren Wandbelägen werden die Nähte überlappend geklebt, die Naht schneidet man anschließend mit einem Cuttermesser. Die beiden abgeschnittenen, überflüssigen Randschnitte werden entfernt und die Ränder der Tapete zusammengefügt. Diese Technik ist nur für Fortgeschrittene zu empfehlen (siehe Seite 57).

23. Stoßfestigkeit

Die Tapete hat eine besonders widerstandsfähige Oberfläche.

Hinweis

◆ Abweichungen in den Abmessungen der Tapetenrollen können +/- 3% betragen.

Auch für Tapeten gibt es Prüf- und Gütezeichen, beispielsweise die TÜV-Plakette, den Blauen Engel oder das RAL-Gütezeichen. Verbrauchertest-Ergebnisse (z. B. ÖKO-Test) liefern mehr Sicherheit bezüglich der Qualität.

Vor dem Tapezieren

Tipps & Tricks

◆ Parkettböden können durch Leiterfüße zerkratzt werden. Umwickeln Sie zum Schutz des Holzes die Leiterenden mit alten Stofffetzen oder Klebeband.

◆ Gute Leitern besitzen „Gummifüße".

Checkliste

Raum vorbereiten:

☐ Raum möglichst leer räumen

☐ Sicherungen abschalten, Lampenschirme entfernen und Lampenbaldachin nach unten schieben

☐ Gardinenstangen und Fußbodenleiste entfernen

Hinweis:

◆ Fußbodenleiste wird nicht immer entfernt, z. B. bei Teppichböden

☐ Sicherungen ausschalten und prüfen

☐ Elektroelemente wie Steckdosenabdeckungen, Zentralplatten von Schaltern usw. entfernen

Wichtig!

Nur zugelassene Elekroschraubenzieher verwenden!

☐ Alle empfindlichen Böden mit Malervlies oder dicker Folie abdecken

Wand vorbereiten

Die Vorbereitung der Wand ist sehr wichtig und nimmt meist mehr Zeit in Anspruch als das Anbringen der Tapete selbst. Halten Sie sich vor Augen, dass das Tapezieren nur dann perfekt gelingen kann, wenn der Untergrund bestimmte Voraussetzungen erfüllt:

Die Wand muss grundsätzlich
– trocken,
– glatt,
– farblich ziemlich einheitlich,
– sauber,
– trag- und saugfähig sein.

Erfüllt Ihre Wand die oben genannten Eigenschaften nicht, schlagen Sie bitte im Kapitel „Vorbereitung" (Seite 18ff.) nach, dort finden Sie Tipps und Hinweise zur Optimierung der Wandfläche.

Bedarfsberechnung

Es ist wichtig, dass Sie **vor** dem Einkauf den Bedarf an Tapete berechnen. Klären Sie folgende Fragen:

– Wie lang muss die Bahn geschnitten werden?
– Wie viele Tapetenbahnen werden benötigt?
– Wie viele Bahnen können von einer Rolle geschnitten werden?
– Können Reste verwertet werden? An Türen, Nischen oder Fenster gibt es oft kleinere Flächen zur Resteverwertung.
– Wie viele Rollen werden gebraucht?

Um herauszufinden, wie viele Tapetenbahnen Sie benötigen, nehmen Sie die Flächenbreite oder den Raumumfang als Basis. Teilen Sie diesen durch die Breite der Tapetenbahn – Fenster und Türen nicht abziehen.
Bei der Längenberechnung der Bahnen gehen Sie von Ihrer Raumhöhe aus und geben 5 bis 10 Zentimeter Zugabe.
Vorsicht: Musterrapport an Muster abmessen (siehe Rapport).

Eurorollen nach EN-Maß: Rolle 10,05 m x 0,53 m (+/- 3%) entspricht = 5,326 m²

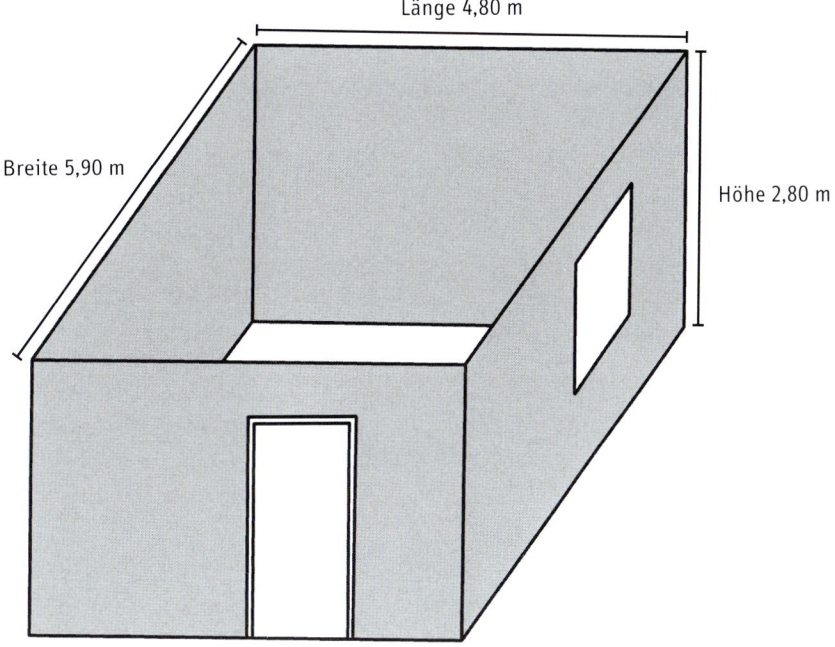

Länge 4,80 m

Breite 5,90 m

Höhe 2,80 m

Tipps & Tricks

◆ Fertigen Sie eine Skizze des Raumes aus der Vogelperspektive an. Notieren Sie darauf alle wichtigen Maße des Raumes und zeichnen Sie die ungefähre Bahneneinteilung an die virtuellen Wände. So können Sie die Bahnen zur besseren Übersicht schon fiktiv auf Ihrer Skizze hin und her schieben und die beste Einteilung ausloten. Besonders bei gemusterten Tapeten ist die vorherige Planung der Bahneneinteilung sehr wichtig!

◆ Bei gemusterten Tapeten kann der Rollenbedarf steigen, weil durch die Anpassung des Musters mehr Reststücke entstehen können. Kaufen Sie lieber ein oder zwei Rollen mehr, damit Sie später bei einem eventuellen Nachkauf nicht eine andere Chargennummer und somit vielleicht Farb- bzw. Musterunterschiede in Kauf nehmen müssen. Sollten Sie verschiedene Chargennummern verarbeiten müssen, verwenden Sie immer die Rollen mit der gleichen Nummer auf einer Wand.

Bedarfsberechung

Wichtig: Bei der Berechnung werden Fenster- und Türflächen nicht abgezogen. Außer, die Unterbrechung der Fläche misst mehr als 2,5 m², was bei großen Fensterfronten oder Holzvertäfelungen der Fall sein kann. Dann müssen jedoch die Laibungen als Fläche wieder zum Flächenbedarf hinzuaddiert werden!

Bedarfsberechnung für Wandflächen:

Raumumfang x Raumhöhe : 5 = ungefährer Bedarf an Tapetenrollen.
Flächen für Fenster und Türen werden nicht abgezogen, außer bei übergroßen Fensterflächen oder Unterbechungen wie z. B. durch Holzvertäfelung oder Einbaumöbel.

Beispiel:
Raumumfang 21,4 m x Raumhöhe 2,80 m = 59,92 m² : 5 = **11,98**
Das Ergebnis besagt, dass **mindestens 12, besser 13 Rollen** benötigt werden.

Bedarfsberechnung für Deckenflächen:

Deckenlänge x Deckenbreite : 5 = ungefährer Bedarf an Tapetenrollen

Beispiel:
Deckenlänge 5,90 m x Deckenbreite 4,80 m = 28,32 m² : 5 = **5,66**
Das Ergebnis besagt, dass **mindestens 6 Rollen** benötigt werden.

Rechenbeispiel für Eurorollen
(= Eurorollen mit 10,05 x 53 Maß.
Achtung: Beim Kauf auf Rollenmaße achten!)

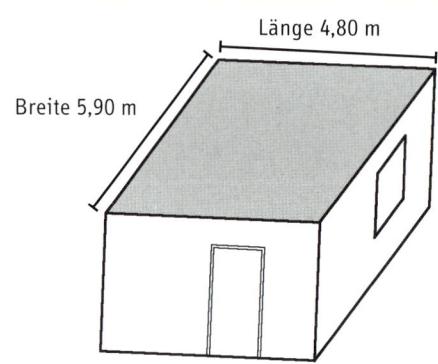

Länge 4,80 m

Breite 5,90 m

Vor dem Start:

☐ Ist der Raum frei geräumt?

☐ Ist die Sicherung ausgeschaltet?

☐ Sind die Schalterelemente u. Ä. entfernt?

☐ Sind die Wände vorbereitet?

☐ Ist der Kleister angerührt?

☐ Haben Sie die Chargennummer geprüft?

☐ Liegen alle Werkzeuge bereit?

☐ Ist der Raum gut ausgeleuchtet?

☐ Wird Zugluft vermieden?

☐ Ist der Raum weder zu kalt noch überhitzt? Die ideale Raumtemperatur liegt bei etwa 18° C.

Der Zuschnitt

– Eine einfache Papiertapete wird mit der Tapetenschere abgeschnitten, Raufasertapete mit einer speziellen Schere. Raufaser kann auch gerissen werden (nur für Fortgeschrittene).

– Rolle mit der Vorderseite nach unten auf den Tapeziertisch legen.

– Nicht gleich alle Bahnen zuschneiden. Prüfen Sie zunächst mit der ersten zugeschnittenen Bahn an der Wand die richtige Länge!

– Jede Bahn wird der Raumhöhe entsprechend mit 5 bis 8 Zentimeter Zugabe zugeschnitten. Das gilt nicht für gemusterte Tapeten, hier muss der Muster-Rapport, also die Musterwiederholung beachtet werden. Achtung: Je nach Musterung kann die Bedarfsmenge an Tapetenrollen zunehmen, unter Umständen um ein bis drei Rollen.

Mustertapeten – Rapport als besondere Herausforderung

Das Musterbild einer Tapete bis zu ihrer Wiederholung wird Rapport genannt. Dabei gibt es verschiedene Musteransätze. Die Symbole dafür finden Sie auf Seite 42 in der Symbolesammlung.
Zusätzlich zum Ansatzsymbol befindet sich auf dem Etikett der Tapete eine Nummer, beispielsweise 8/4.
Diese bedeutet, das Gesamtmuster beläuft sich auf 8 Zentimeter und das Musterbild wiederholt sich nach 4 Zentimetern. Es handelt sich hier um einen versetzten Rapport. Für das Zuschneiden bedeutet das, dass sich jede zweite Bahn um ein halbes Muster verschiebt. In der Praxis teilen Sie Ihre Bahnenrollen in zwei Gruppen ein, markieren diese in A und B und schneiden immer eine Gruppe gleich und die andere mit dem versetzten Muster zu. Die Verarbeitung von schwierigen Mustern ist etwas für Fortgeschrittene!

Tipps & Tricks

◆ Messen Sie immer wieder nach, auch der Profi tut das. Sie ersparen sich viel Ärger.

Hinweis

◆ Wenn Sie einen Cutter zum Schneiden verwenden, achten Sie darauf, den Tapeziertisch nicht zu zerschneiden. Legen Sie im Schnittbereich einen dicken Karton unter und fixieren Sie ihn mit Klebeband.

Tipps & Tricks

◆ Kleistermenge tags zuvor anrühren, dann quillt der Kleister besser durch und die Verarbeitung ist leichter. Vor der Verarbeitung nochmals mit einem Stab gut umrühren.

◆ Das Anrühren des Kleisters lässt sich mit einem Quirlaufsatz für Bohrmaschinen wesentlich einfacher bewerkstelligen, vor allem, wenn Sie größere Mengen Kleister auf einmal anrühren. OvalitT lässt sich damit ebenfalls besser unterrühren.

Vorsicht

Kleisterreste auf dem Boden machen diesen sehr rutschig. Entfernen Sie Kleisterreste mit Hilfe eines Spachtels.

Tapete einkleistern

– Wählen Sie für jede Tapete den passenden Kleister – Herstellerangabe beachten!

– Kleister mit kaltem Wasser anrühren (erst Wasser, dann Pulver), genaue Mengenangaben des Herstellers beachten! Mit einem schlechten Klebestoff hält keine Tapete. Lieber dicken Kleister dünn auftragen als dünnen Kleister dick.

– Verwenden Sie saubere Utensilien. Bakterien auf dem Rührstab oder in einem schmutzigen Eimer können den Kleister zersetzen.

– Halten Sie die Einweichzeiten genau ein; sie sind je nach Tapetenart verschieden.

– Verstärken Sie bei schweren Tapeten den Kleister mit Zusatzkleber (z. B. OvalitT) oder verwenden Sie Spezialkleister.

Kleister anrühren

1 Rühren Sie das Kleisterpulver im exakten Mischungsverhältnis (siehe Herstellerangaben) in kaltes, sauberes Wasser ein. Verwenden Sie einen sauberen Rührstab aus Holz oder Kunststoff. Nach der angegebenen Quellzeit rühren Sie den Kleister nochmals gut auf.
Wenn Sie ein Kleistergerät verwenden, befüllen Sie es mit der Kleistermasse. Achtung: Beachten Sie die Herstellerangaben, die Konsistenz des Kleisters muss etwas flüssiger sein. Das Kleistergerät benötigt mehr Kleister, es kann durchaus die doppelte Menge erforderlich sein.

Tapetenbahnen von Hand einkleistern

2 Legen Sie die zugeschnittenen Bahnen mit der bedruckten Seite nach unten auf den Tapeziertisch. Eine Längs- und eine Querkante der Bahn schließen mit den Tischkanten bündig ab. Kleistern Sie die Bahn mit einer Kleisterbürste ein. Ziehen Sie anschließend die Tapete so, dass die restlichen Kanten mit den Tischkanten abschließen und bestreichen Sie diese mit Kleister. Bei diesem Vorgehen bleibt der Tapeziertisch sauber.

Tapetenbahnen mit dem Kleistergerät einkleistern

3 Ziehen Sie die Tapetenbahn vorsichtig durch das Kleistergerät. Mit dieser Methode gelingt das Einkleistern schneller und gleichmäßiger.
Stellen Sie die Dosiermenge des Kleisters nach den Angaben des Herstellers am Gerät ein.

Tapete zusammenfalten

4 Schlagen Sie nun die Tapete zu einem Drittel (oben ansetzendes Ende) zur Mitte hin zügig ein. Verfahren Sie mit der restlichen Tapetenbahn von der anderen Seite genauso. Legen Sie Kante auf Kante genau aufeinander. Damit vermeiden Sie, dass überstehende Kanten austrocknen und später nicht mehr richtig auf der Wand haften oder die Nähte aufgehen.

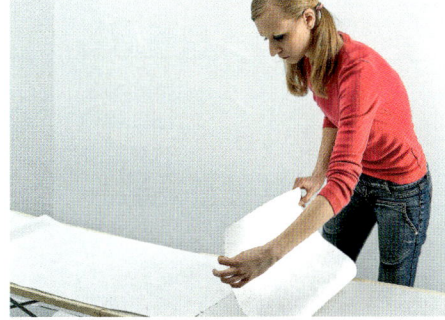

Tapete einweichen lassen

5 Rollen Sie nun die Tapetenbahn locker zusammen und lassen Sie sie einweichen. Beachten Sie unterschiedliche Einweichzeiten. Hinweis: Vermeiden Sie scharfe Knicke, sie bleiben später sichtbar!

Umgang mit dem Werkzeug während der Arbeitspausen

In den Pausen sollten Sie flüssige Arbeitsmaterialien wie z. B. Kleister vor dem Austrocknen schützen. Diese Gefahr droht, wenn Sie Werkstoffe und Werkzeuge längere Zeit offen liegen lassen, vor allem bei höheren Temperaturen. Auch das Werkzeug muss, wenn es eine Zeitlang nicht genutzt wird, so präpariert werden, dass es keinen Schaden nimmt.

– Kleistergerät **öffnen** und mit zurechtgeschnittener Folie abdecken. Das gilt auch für die schwarze Walze des Kleistergerätes. Gerätedeckel wieder schließen, damit wird die Folie zwischen Deckel und Kleistergerät eingeklemmt und verhindert, dass Kleisterreste antrocknen.

– **Keine** eingekleisterten Tapeten oder feuchten Schwämme oder Lappen auf dem Tapeziertisch liegenlassen, die Feuchtigkeit lässt das Holz aufquellen.

– **Achtung: Kleister ist sehr aggressiv, er lässt sogar rostfreie Metalle rosten.**

– Kleistereimer werden in der Regel beim Arbeiten und Pausen über Nacht nicht abgedeckt. Evtl. den Deckel lose auf den Eimer legen.
Vorsicht ist bei Fußbodenheizungen angebracht: Lassen Sie den Kleistereimer bei längeren Pausen oder über Nacht nicht auf dem Boden stehen.
Rühren Sie immer vor dem Weiterarbeiten den Kleister erneut gut um. Besonders wichtig ist dies, wenn ein Kleisterverstärker (z. B. OvalitT) hinzugegeben wurde; er setzt sich im Lauf der Zeit auf dem Eimerboden ab.

Tipps & Tricks

◆ **Einweichzeit:** Verwenden Sie bei manchen Musterarten, wie z. B. horizontal verlaufenden Streifen oder Würfelmustern, eine Uhr mit Sekundenzeiger, damit die Einweichzeit bei allen Bahnen übereinstimmt.

◆ Schlagen Sie die obere Kante der eingekleisterten Bahn ca. 2,5 cm ein, so entsteht eine „Grifffläche" und Sie vermeiden Kleister auf den Händen und den angrenzenden Flächen.

Hinweis

◆ Die zuerst eingekleisterte Tapetenbahn muss nach der Einweichzeit auch zuerst tapeziert werden.

Richtig tapezieren

◆ Tupfen Sie heraus-quellenden Kleister an den Nähten oder der Decke sofort vorsichtig mit einem sauberem Lappen ab.

– Planen Sie den gesamten Ablauf vor Beginn genau, das ist gerade bei Mustertapeten sehr wichtig.

– Tapezieren Sie von der größten Lichtquelle ins Dunkel.

– Tapezieren Sie von den schwierigsten Bereichen in leichte Bereiche, also beispielsweise vom Fenster ausgehend in geschlossene Wandbereiche.

– Tapezieren Sie bei Mustern von sichtbaren Bereichen in unauffälligere Bereiche.

– Die erste Bahn muss perfekt im Lot sein. Zeichnen Sie mit Hilfe der Wasserwaage zuvor einen dünnen Strich an der Wand als Hilfslinie auf.

– Vermeiden Sie längere Pausen während des Tapezierens. Die Nähte sollten immer nass auf nass verarbeitet werden.

– Stimmen Sie die Einweichzeiten mit der Arbeitszeit ab. Richtwert: ca. 3 bis 15 Minuten Verarbeitungszeit pro Bahn einplanen. Kleistern Sie bei schwierigen Zonen weniger Bahnen ein.

– Achten Sie bei Mustertapeten darauf, dass sich die tapezierten Flächen in einer dunkleren Ecke treffen, wo es nicht so auffällt, wenn das Muster nicht exakt aufeinandertrifft.

Wände tapezieren

Nachdem Sie Ihre Vorbereitungen geroffen haben, geht es „ans Werk". Die zugeschnittenen und eingekleisterten Bahnen können nun an die Wand gebracht werden. Wenn Sie die Schritte und Tipps beachten, geht das problemlos.

Markierung für die erste Bahn anlegen

1 Zeichnen Sie mit Bleistift und mit Hilfe einer Wasserwaage eine senkrechte dünne Linie – Tapetenbreite minus ca. 3 Zentimeter – von der Wandecke entfernt auf. Die Markierung soll über die gesamte Wand, von der Decke bis zum Boden reichen. Es ist äußerst wichtig, dass auf jeder Wand die erste Bahn mit einer Wasserwaage exakt ausgelotet wird!

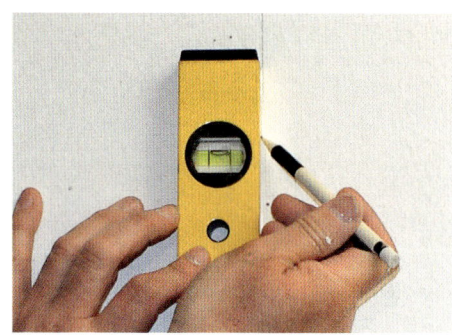

Tapete auseinanderfalten

2 Die eingeweichte Tapetenbahn wird so über den linken Arm (Rechtshänder) gelegt, dass sich das obere Ende gut abziehen lässt. Lassen Sie, auf der Leiter stehend, zwei Drittel der Bahn vorsichtig herabgleiten. Gehen Sie nicht zu rasch dabei vor, dünne Tapeten könnten reißen. Pendeln Sie die Bahn an der Wandmarkierung aus. Lassen Sie dann den Rest herabgleiten.

Tapete blasenfrei andrücken

3 Legen Sie eine Tapetenseite an die Wandmarkierung an und drücken Sie sie an. Die Tapete sollte dabei oben ca. 5 Zentimeter überstehen. Streichen Sie dann die Tapete mit dem Tapetenwischer oder der Tapetenbürste von der Mitte aus erst nach oben, dann nach unten und anschließend zu den Seiten hin ohne Blasen und Falten aus.

Deckenanschluss abschneiden

4 Schneiden Sie nun die Anschlüsse ab. Beginnen Sie mit dem Anschluss zur Decke: Drücken Sie die Tapete mit der stumpfen Seite der Schere oder einem Spachtel leicht in die Deckenkante. Ziehen Sie dann die Tapete etwas herunter und schneiden Sie sie am entstandenen Falz mit der Schere ab. Eine andere Möglichkeit ist, die Tapete direkt an der Wand entlang einer angelegten Tapezierschiene (Aluschiene) mit dem Cutter abzuschneiden.

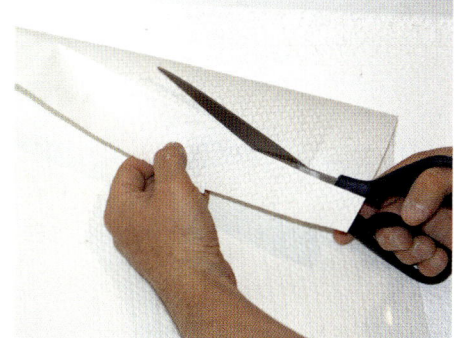

Fußleistenanschluss abschneiden

5 Drücken Sie die Tapete mit der stumpfen Seite der Schere oder einem Spachtel leicht in die Kante zur Fußbodenleiste. Heben Sie dann die Tapete etwas an und schneiden Sie sie am entstandenen Falz mit der Schere ab. Natürlich können Sie auch hier die Tapete direkt an der Wand entlang mit Hilfe einer angelegten Tapezierschiene und einem Cutter abschneiden.

Weitere Tapetenbahnen ankleben

6 Die zweite Tapetenbahn wird nun auf Stoß zur ersten Bahn geklebt. Das heißt, die Kanten stoßen stumpf so dicht aneinander, dass eine Naht kaum sichtbar ist. Gelingt Ihnen die exakte Position nicht gleich, müssen Sie die Bahn wieder abziehen und erneut ankleben.

Nähte andrücken

7 Drücken Sie die Nähte gut an, damit sie durch die Trocknungsspannung nicht wieder aufgehen. Verwenden Sie dazu am besten einen konischen Nahtroller oder einen walzenförmigen Gummiroller. Wichtig: Drücken Sie den Nahtroller nicht zu stark an, sonst kann die Wand beschädigt werden und die Nähte gehen garantiert auf.

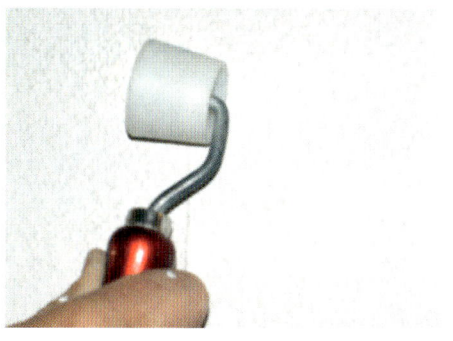

Hinweis

◆ Vorsicht bei verschiedenen Materialen, z. B. Prägetapeten. Hier müssen Sie angemessene Nahtroller verwenden, damit die Prägung nicht zerstört wird!

Tapeten mit Versatz (Rapport)

Zahlreiche Tapeten weisen ein fortlaufendes Muster auf. Damit dieses Muster ohne störende Übergänge auf die Wand kommt, muss man bei diesen Tapeten den korrekten Versatz beachten.

Bei Mustertapeten sind das gleichmäßige Einkleistern und die gleich lange Einweichzeit aller Tapetenbahnen besonders wichtig. Andernfalls können sich die Bahnen ungleichmäßig dehnen und das Muster kann sich verziehen.

Natürlich sollte der harmonische Verlauf des Musters auch an Durchgängen und an Fenster- und Türnischen erhalten bleiben. Die wichtigste Grundregel hierbei lautet, sich immer nur von einer Seite heranzuarbeiten. Ist die letzte Bahn vor der Fenster- oder Türzarge zu breit, schneidet man sie in Längsrichtung mit einem Überstand von zwei bis drei Zentimetern ab. Nach dem Andrücken der Bahn wird dieser Überstand passgerecht mit einem scharfen Cutter oder einer Tapezierschere abgeschnitten. Nun drückt man die Tapetenbahn so an, dass sie exakt mit der Fenster- oder Türzarge abschließt.

Decke tapezieren

Die Optik der Decke ist für die Atmosphäre eines Raumes genauso wichtig wie die Wandflächen. Sie stellt die größte freie Fläche im Raum dar, die ebenso sorgfältig bearbeitet werden sollte wie der Rest. Die farbliche und strukturelle Abstimmung der Decke mit den Wänden bringt unbestreitbare Vorteile mit sich. Tipps zur Gestaltung finden Sie im Kapitel „Vorbereitung" (Seite 6ff.).

Wollen Sie die Decke tapezieren, so sollten Sie dies immer vor den Wänden tun.

Arbeitstisch vorbereiten

Bereiten Sie eine Arbeitsplattform vor, beispielsweise, indem Sie eine Holzdiele zwischen zwei Bockleitern aufstellen. Tapezieren Sie die Decke immer zu zweit.

Skizze anfertigen

Halten Sie die Bahneneinteilung der Decke vor Beginn auf einer Skizze fest. Achten Sie dabei darauf, dass am Rand kein zu dünner Streifen tapeziert werden muss. Berechnen Sie eine Zugabe von ca. 3 Zentimetern an den Rändern!

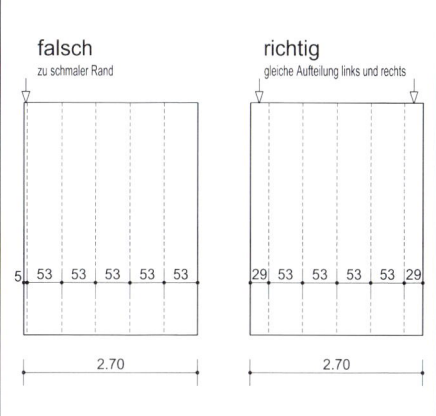

Erste Bahn markieren

Markieren Sie die erste Bahn mittels einer Latte oder Wasserwaage oder einer Schlagschnur. Beachten Sie dabei die Zugabe für den Rand.

Decke vorkleistern

Kleistern Sie die Deckenfläche mit der Kleisterbürste vor. Rationeller arbeitet man mit einer Kurzflorwalze.

Tipps & Tricks

◆ Bauen Sie keine waghalsigen Gerüste, achten Sie auf Tritt- und Standsicherheit!

◆ Achten Sie darauf, immer senkrecht zur Fensterwand und vom Licht weg zu tapezieren, dadurch erscheinen Nähte unauffälliger.

◆ Um den Verlauf der ersten Bahn an der Decke zu markieren, ist im Handel eine so genannte Schlagschnur erhältlich.

Erste Bahn an der Markierung ausrichten

5

Legen Sie die gefaltete und eingekleisterte Bahn über einen Besen, den der Helfer hält. Setzen Sie die Tapetenbahn so an die Markierungslinie an, dass die Tapete ca. 5 Zentimeter in die Wände überlappt. Tapezieren Sie die erste Bahn ganz exakt und gerade!

Tapete ausstreichen

6

Streichen Sie die Tapete mit dem Tapezierwischer oder der Tapezierbürste blasen- und faltenfrei von der Mitte nach allen Seiten aus. Arbeiten Sie sich langsam nach hinten, wobei der Helfer Zug um Zug die Tapetenbahn entfaltet.

Überschüssige Enden abschneiden

7

Drücken Sie anschließend die Enden wieder in die Kanten und schneiden Sie sie dann am Falz mit der Schere ab.

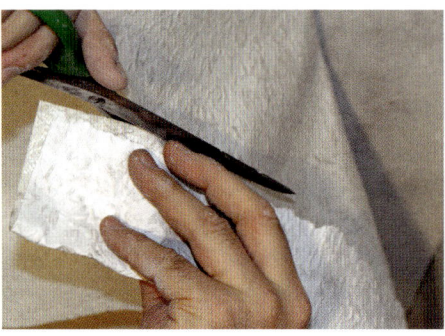

PROFITIPP

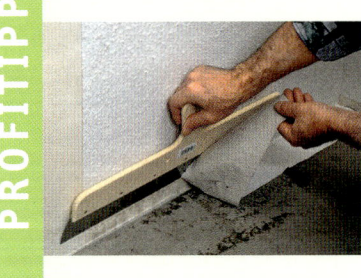

Decken und Wandabschlüsse

Raufaser-Tapete lässt sich auch mittels einer Tapezier-Rakel (siehe Seite 28) abreißen.

Türen

Türen sind für den Anfänger eine unangenehme Hürde, die aber leicht zu nehmen ist. Es wird von einer Seite an die Tür herantapeziert. Sollte zuletzt die Bahn wesentlich breiter sein als der noch verbleibende Abstand zum Türrahmen, teilt man die Bahn, und zwar so, dass zwei bis drei Zentimeter am Türrahmen überstehen. Den Überstand schneidet man nach dem Andrücken mit dem Cuttermesser an der Falzlinie entlang ab. Die übriggebliebene Bahn wird über der Tür eingepasst und ebenso beschnitten. Auf diese Weise ist die Fortsetzung auf der anderen Seite der Tür garantiert, was bei einer gemusterten Tapete wichtig ist.

Heizkörper

Hinter Heizkörpern wird grundsätzlich nicht tapeziert. Die Tapete wird lediglich um den Heizkörper herum, beziehungsweise 10 bis 20 Zentimeter hinter den Heizkörper auf die Wand gebracht.

Hinweis

◆ Streichen Sie vor dem Tapezieren die Wandfläche hinter dem Heizkörper.

Ecken

Ein wichtiger Grundsatz beim Tapezieren lautet, nie eine große Bahnbreite „um die Ecke herum zu bringen". Es besteht dabei die Gefahr, dass das Muster auf der neuen Wand schief werden kann, da keine Ecke genau rechtwinklig und senkrecht steht.

Die Bahn wird so geteilt, dass sie etwa ein bis zwei Zentimeter um die Ecke herumreicht. Wenn die Tapete dabei Falten wirft, wird der Überstand mehrfach eingeschnitten. An der nächsten Wand muss die erste Bahn wieder neu mit der Wasserwaage ausgelotet werden.

Fensternischen

Fensternischen stellen bei musterlosen Tapeten auch kein größeres Problem dar. Begonnen wird an einer Seite des Fensters mit einer lotrechten Bahn. Man setzt diese allerdings nicht an der Kante der Fensteröffnung an, sondern lässt sie so weit überstehen, dass die Tiefe der Nische plus ca. drei Zentimeter Zugabe abgedeckt wird. Oben und unten eingeschnitten, kann der Überstand anschließend nach innen geklappt werden. Die Zugabe am Rahmen und die Überstände auf und unter der Fensterbank werden sauber abgeschnitten. Auf diese Weise kann aber nur eine Nischenseite geklebt werden. Die andere Seite und das Stück über dem Fenster müssen eingepasst werden. Es ist auch möglich, die nächste(n) Bahn(en) oben einzuklappen, dann hat man nur das fehlende Stück zu ersetzen. Bei Mustertapeten muss zuvor genau geplant werden, wie das Muster in die Nischen passt.

◆ Mit einer Walze lässt sich der Kleister rationell auf die Wand auftragen.

Wandklebetechnik

Besonders praktisch für wenig geübte Selbermacher ist die so genannte Wandklebetechnik. Sie eignet sich für Vlies-, Vliesfasertapeten oder Glasfasergewebe. Statt der Tapete muss hierbei nur die Trägerfläche eingekleistert werden.

Wand markieren

Markieren Sie die Wand mittels einer Wasserwaage mit einem lotrechten Bleistiftstrich von der Decke bis zum Boden.

1

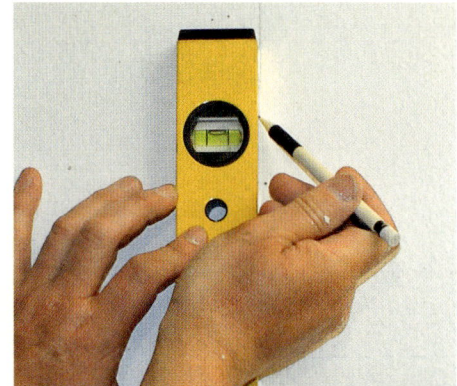

Klebemittel auftragen

Tragen Sie das Klebemittel mit einer Bürste oder einem Streichroller gleichmäßig auf den Untergrund auf. Achten Sie darauf, bahnenweise mit 10 Zentimeter Zugabe vorzugehen.

2

Tapete auflegen und andrücken

Rollen Sie die mit Zugabe zugeschnittene Bahn mit der Vliesseite nach außen auf. Legen Sie die Bahn an die Markierung an der Wand an und drücken Sie sie mit einer Moosgummiwalze oder einem Tapezierwischer/Tapezierspachtel blasenfrei an.

3

Überstände abschneiden

Drücken Sie nach dem Anbringen der Tapetenbahn die Überstände an Decken, Fußleisten, Fenstern usw. mit einem Tapezierspachtel in die Ecke und schneiden Sie sie mit einem Cutter ab.

4

Bahnen Stoß auf Stoß tapezieren

Tapezieren Sie nachfolgende Bahnen auf Stoß.

Hinweis

◆ Beim Doppelschnitt nicht zu stark gegen die Wand drücken, ansonsten könnte der Putz beschädigt werden.

Nahtstellen andrücken

Behandeln Sie die Nahtstellen evtl. mit einem konischen Nahtroller nach.

Der Doppelschnitt

Überlappende Tapetenränder kann man mit einem durchgehenden Schnitt sauber auf Stoß setzen. Diese Technik ist beim „Über-Eck-Kleben" von dickeren Tapeten unentbehrlich.

Tapetenbahnen übereinanderlegen

Legen Sie die beiden Tapetenbahnen etwa zwei bis drei Zentimeter überlappend übereinander. Wenn Sie Mustertapeten bearbeiten, müssen Sie das Muster so übereinanderlegen, dass es nach dem Schnitt passt.

Flächenspachtel ansetzen

Setzen Sie nun einen Flächenspachtel im Schnittbereich auf die Tapete. Eine Wasserwaage ist dafür nicht geeignet!

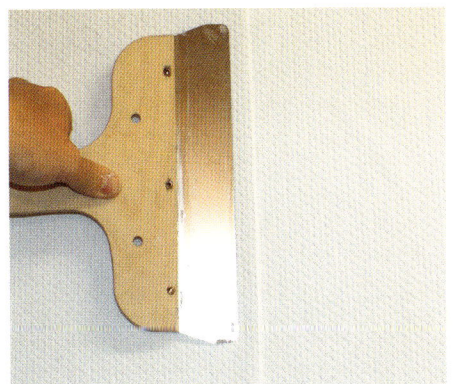

Tipps & Tricks

◆ Doppelschnitte erfordern sehr viel Sorgfalt. Am besten üben Sie diese Technik ein paar Mal, bevor Sie mit dem Tapezieren beginnen.

◆ Bei grober Raufaser ist der Doppelschnitt schwerer, weil sich die darin enthaltenen Holzfasern schlecht durchschneiden lassen. Es funktioniert nur mit einem absolut scharfen Schneidewerkzeug. Oft muss nach jedem Schnitt die Klinge neu abgebrochen werden.

Hinweis

◆ Bewahren Sie Tapetenreste samt zugehörigem Beipackzettel für spätere Ausbesserungsarbeiten auf.

3 Scharfen Cutter einsetzen

Nehmen Sie einen scharfen Cutter zur Hand. Zuvor benutzte Klingen brechen Sie lieber ab, damit das Messer hundertprozentig scharf ist.

4 Tapete gleichmäßig durchschneiden

Schneiden Sie nun mit einem zugigen Schnitt beide Tapetenbahnen auf einmal von oben nach unten durch. Achten Sie auf einen gleichmäßigen Druck bei der Schnittführung! Drücken Sie zu schwach, müssen Sie den Schnitt wiederholen, was normalerweise zu einem schlechteren Ergebnis führt. Die Naht ist später sichtbar. Drücken Sie zu stark, dann beschädigen Sie den darunterliegenden Putz. Oft gehen solche Nähte dann nach dem Trocknen auf, weil ihnen am Untergrund der Putz fehlt.

5 Darunterliegende Tapetenstreifen herausziehen

Ziehen Sie jetzt den darunterliegenden Streifen heraus. Notfalls müssen Sie die Tapete im Nahtbereich etwas nachkleistern.

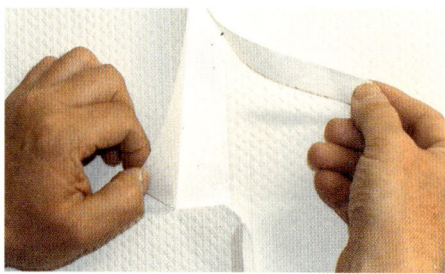

6 Fertiger Doppelschnitt

Hier ist ein gelungener Doppelschnitt zu sehen. Nach dem Andrücken der Tapetenbahnen läuft das Muster übergangslos weiter und den Doppelnahtschnitt sieht man kaum, im besten Fall sogar überhaupt nicht.

Nach getaner Arbeit

– Reinigen Sie Tapezierwischer, Schere und Tapezierspachtel am Ende des Arbeitstages mit Wasser und Seife oder Spülmittel. Schleudern Sie das verbliebene Wasser im Tapezierwischer sorgfältig aus und hängen Sie ihn mit den Borsten nach unten auf. Normalerweise trocknet er über Nacht.
Schere, Spachtel u. Ä. trocknen Sie mit einem Tuch ab, damit sie nicht rosten können.

– Sind noch Kleisterreste im Kleistereimer (Boden bedeckt) und wollen Sie am nächsten Tag weiterarbeiten, können Sie auch den Pinsel und die Bürste zur Aufbewahrung hineinstellen.

– Sind die Kleisterbürste oder der Kleisterpinsel eingetrocknet, lassen sie sich meistens auch durch Kleister wieder „aufweichen". Das geht schneller als mit Wasser, das Werkzeug ist dann rasch wieder einsatzbereit.

Ausbesserungsarbeiten an fertig tapezierten Wänden

Es ist geschafft – die neue Tapete ziert Ihr Zimmer. Dennoch kann Ihnen bei dieser anspruchsvollen Handwerks-
arbeit natürlich, trotz bester Anleitung, ein Malheur passieren. Wir listen ein paar Patzer auf und zeigen Ihnen,
wie Sie den Schaden mit kleinem Aufwand reduzieren können.

Missgeschick	Lösung
Tapetenkleister wurde zu dünn angemacht	Nochmals eine kleine Menge Kleister im Extraeimer besonders dick ansetzen, quellen lassen. Dann sorgfältig in den zu dünnen Kleister einrühren.
Der Wandbelag wirft Blasen	Noch im nassen Zustand an die Wand drücken, abwarten. Meist legt sich die Tapete nach dem Trocknen an.
Tapete schließt am oberen Ende nicht sauber ab	Das können Sie bei einer Tapete ohne Anstrich tun: – Streifen aus derselben Tapete schneiden und aufkleben – Eine Kordel in die Kante kleben – Eine Holzleiste in die Kante kleben Das können Sie bei Raufaser, Papiertapete, Vliestapete, Glasfasergewebe tun: – mit Acryl-Fuge füllen, Acryl trocknen lassen, dann streichen **Wichtig** **KEIN Silikon verwenden, Silikon lässt sich nicht überstreichen!**
Tapeten lösen sich im Nahtbereich von der Wand	Tapete ohne Anstrich: – mit Kleister vorsichtig nachkleben, evtl. Kleisterreste mit trockenem Lappen abreiben Raufaser, Papiertapete, Vliestapete, Glasfasergewebe: – **sofort** mit Kleister und Pinsel ankleben, danach überstreichen und trocknen lassen
Tapetennähte gehen mit Spalt auf	– mit Posamentenband (textile Borte) überkleben – die Naht mit geschnittenen Tapetenstreifen überkleben – farbige Holzleisten aufbringen

Tipps & Tricks

◆ Grobe Tapezierfehler, die nicht mehr reparabel sind, können auch mit einer Kreativtechnik überarbeitet werden (siehe dazu auch die Seiten 77ff.).

◆ Beschädigungen, Flecke usw. an der tapezierten Wand lassen sich leicht ausbessern, indem man ein neues Tapetenstück auf die Schadstelle hält und diese mit dem Cuttermesser ausschneidet. Das deckungsgleiche, neue Stück wird an Stelle des alten, zuvor abgelösten Tapetenstücks eingeklebt.

Streichen

Wohnst Du noch oder lebst Du schon?

Ein bekannter Möbelhersteller bringt es auf den Punkt:
Die Wohnung ist mehr als ein bloßer Aufenthaltsort, sie ist
Lebensraum, ein besonderer Platz, an dem sich Individuali-
tät entfalten darf. Nur wer die Umgebung seiner eigenen
Persönlichkeit anpasst, macht ein Haus zum Zuhause.
Effektive Veränderungen sind schon mit dem Streichen der
Wände zu erreichen. Aber ist das wirklich so einfach?
Bleibe ich beim klassischen Weiß oder entsprechen getöne
Wände mehr meinem Stil? Welche Farbe brauche ich und
wieviel davon? Wird Werkzeug benötigt und wenn ja,
welches? Streiche ich einfach drauf los oder gibt es ein
System?
Wer sorgfältig und Schritt für Schritt vorgeht, schafft auch
als Laie ein tolles Ergebnis.

Grundlagen

Die eigenen vier Wände in ansprechenden Farben zu gestalten, ist kein Hexenwerk. Das A und O ist und bleibt die gute Vorbereitung. Baumärkte liefern Pinsel, Farbe und Co. in sehr guter Qualität. Auch Menschen, die den Umgang mit Malerutensilien nicht gewohnt sind, können mit wenig Aufwand ein tolles Ergebnis erzielen. Wichtig dabei ist, dass sowohl das Werkzeug als auch die Verarbeitungsmaterialien eine gute Qualität aufweisen. Wer sich hochwertige Waren anschafft, hat letztlich gespart – Geld und Nerven. Die nebenstehende Checkliste hilft Ihnen, die Übersicht zu bewahren.

Erste Schritte

Wand prüfen

Zu Beginn steht die Klärung der Frage, welchen Untergrund Sie streichen wollen und wie dieser beschaffen ist. In den meisten Fällen wird auf die üblichen Gipswände eine Tapete als Untergrund für die Farbe angebracht. Je nach deren Oberflächenbeschaffenheit erhalten sie beim Streichen unterschiedliche Ergebnisse. Sehr gebräuchlich ist die Raufasertapete (mehr Informationen zu Tapeten finden Sie im Kapitel „Tapezieren" ab Seite 25ff.).

Hinweis

◆ Grundsätzlich sollten die Decken und Wandflächen **trocken, glatt, farblich einheitlich, sauber, trag- und saugfähig** sein. In einigen Fällen muss die Oberfläche vorbehandelt werden. Entsprechende Infos dazu finden Sie im Kapitel 1 „Vorbereitung", Seite 16ff.

Stil finden

Entscheiden Sie für den gesamten Raum, welcher Anstrich die Wände in Zukunft zieren soll. Wer immer noch keinen Plan von der zukünftigen Wandfarbe hat oder sich schwer tut mit der Zusammenstellung verschiedener Farben oder Farbtöne, der findet dazu im Kapitel „Vorbereitung", Seite 6ff., Tipps und Infos.

Das richtige Werkzeug

Mit dem richtigen Werkzeug steht und fällt der Spaß und das Gelingen. Heutzutage finden Sie in den Baumärkten beste Qualität in den Regalen. Lassen Sie sich von geschultem Personal beraten, welche Produkte auch wirklich Klasse bieten. Hochwertiges Werkzeug können Sie immer wieder verwenden und es funktioniert ohne Mängel. Verzichten Sie auf „Spezialwerkzeug", das die Arbeit von selbst zu erledigen verspricht. Meist ergeben sich daraus unnötige Mehrkosten und die Wirkung ist oft zweifelhaft. Eine solide Grundausstattung reicht völlig aus. Was dazugehört, erfahren Sie hier.

3

Ihre Grundausstattung

Zum Abkleben von Türen, Flächen, Balken, Möbeln u. Ä. ist eine Folienrolle mit Klebeband sinnvoll (1a und b). Auch Folie ohne Klebeband (2) eignet sich zum Abdecken, sie sollte mindestens **mittelstark** sein. Sehr dünne Folie ist nur zum Abdecken von Möbeln brauchbar. Eine sehr gute Bodenabdeckung, die Sie mehrmals verwenden können, ist das Malervlies (3). Alternativ funktionieren natürlich auch alte Teppiche und Leintücher.
Ein Spachtel (4) zum Entfernen von Farbresten u. Ä. gehört ebenfalls immer zur Grundausstattung, ebenso wie ein Stromschraubenzieher (5).
Empfehlenswert ist ein gutes Schneidemesser (Cutter), das vielseitig einsetzbar ist (6).
Keinesfalls darf in Ihrer Ausrüstung ein Klebeband (Malerkrepp) fehlen (7). Es sollte mindestens 30 mm breit sein. Ein gutes Qualitätsband reißt nicht zu schnell, hinterlässt keine Kleberückstände und ist wasser- und lösungsmittelfest. Als praktisch kann sich doppelseitiges Klebeband (z. B. Duoband von Kip, Tesa) erweisen, an dem dann Folie befestigt werden kann. Auf bestimmten Materialien (Alu, Stein, lasierte Fenster) sollten spezielle

Klebebänder verwendet werden. **Achtung:** Es gibt Klebebänder, die nur eine Woche auf dem Untergrund haften bleiben dürfen, ansonsten besteht die Gefahr, dass Kleberückstände zurückbleiben. Dazu am besten Herstellerangaben beachten.
Sicher werden Sie sich nicht in Ihren besten Kleidern in die Arbeit stürzen wollen. Denken Sie deshalb daran, ausrangierte Stücke wie Hemden, T-Shirts und Arbeitshosen bereitzulegen.
Eine stabile Bockleiter hilft bei vielen Arbeiten und erleichtert den Zugang „auf Augenhöhe".
Damit Schrauben und Elektrikelemente nicht verloren gehen, eignet sich zum Sammeln ein leerer Eimer .
Anstelle eines Abstaubers (8) kann auch ein Handbesen oder ein breiter Pinsel (sauber und trocken) verwendet werden.
Die Deckenbürste (9) kommt bei für etwaige Vorarbeiten, z. B. Tiefengrund auf eine Gipswand aufbringen, zum Einsatz. Sie ist auch für Effektanstriche geeignet.

Hinweis

◆ Verwenden Sie zum Abkleben **kein** elastisches Krepp-Band. Es kommt bei Kreativtechniken zum Einsatz.

Tipps & Tricks

◆ Milchtütenfehldruck eignet sich gut zum Schutz sehr empfindlicher Böden, z. B. Echtholz-Parkett. Kann im Malerfachhandel und evtl. im Baumarkt gekauft werden.

◆ Einmalhandschuhe verwenden, sie schützen und lassen Ihnen trotzdem „Gefühl" beim Handwerken.

◆ Mit einem Profigerät, das beim Abrollen spezielles Papier und Klebestreifen verbindet, geht das Abkleben noch leichter.

9

8

Werkzeug zum Streichen

Tipps & Tricks

◆ Nur gute Qulitäts-pinsel können mehrmals verwendet werden.

◆ Achten Sie auf naht-freie Walzen. Nähte erzeugen unschöne Ab-drücke auf der Wand.

◆ Für den flächigen Anstrich sind Walzen mit Randauspolsterung erhältlich; für Randbe-reiche verwenden Sie besser Walzen ohne Randauspolsterung, man kommt besser an die Ränder.

◆ Verwenden Sie für Dispersions-Wandfarbe keine Schaumstoffwal-ze, sie nimmt zu wenig Farbe auf.

Hinweise

◆ Der Farbaufrührer sollte immer sauber sein, ansonsten können etwaige Keime in die Farbe gelangen und sie unbrauchbar machen. Ein spezieller Aufsatz zum Mischen von Farbe für Bohrmaschinen ist eine gute Hilfe.

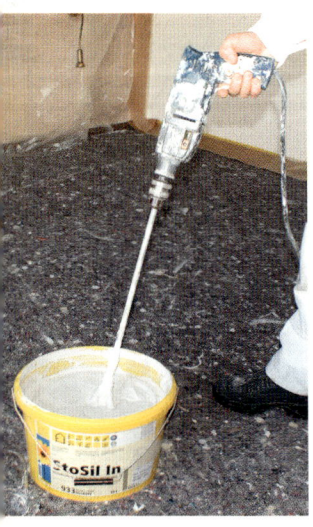

Mit den folgenden Werkzeugen sind Sie für das Strei-chen gut ausgerüstet: Sie benötigen zwei bis drei Heiz-körperpinsel (1) in verschiedenen Größen, 15 mm und 25–60 mm breit, mit langem Stil und gebogenem Heft. Achten Sie darauf, Pinsel mit hellen und dunklen (stär-keren) Borsten anzuschaffen.
Achtung: keine Acryl- oder Lasurpinsel verwenden! Des Weiteren brauchen Sie eine große und eine kleine Walze mit Bügel (2). Für eine Fläche sollten die Walzen dieselbe Florhöhe aufweisen.

Wenn Sie Ihre Wände mit einem Muster strukturieren wollen, sollten Sie sich so genannte Effektwalzen (3) besorgen. Äußerst nützlich ist auch ein Teleskopstab zur Verlängerung der Walze (4).
Um überschüssige Farbe von der Walze zu streifen, be-nötigen Sie ein bis zwei Abstreifgitter (5). Achtung, es gibt verschiedene Größen. Sie sollten so breit wie die größte Walze sein und müssen in den Eimer passen. Einen Farbaufrührer (6) brauchen Sie zum Umrühren oder Mischen der Farbe.

Die Farbe

Farben in Malerqualität erhalten Sie in allen Baumärkten. Bevor Sie eine Farbe auswählen, klären Sie zunächst zwei Fragen: Welche Oberfläche will ich streichen? Wie soll der Anstrich aussehen? Aus der Beantwortung dieser Fragen ergibt sich dann die passende Farbe, die genau Ihren Anforderungen entspricht. Neben der Wahl des richtigen Farbtons entscheiden auch Art und Qualität der Farbe über ein befriedigendes Resultat Ihres geplanten Anstriches.

Die richtige Farbwahl

Innenfarben (in der Regel Dispersionsfarben) bestehen in erster Linie aus Pigmenten und Füllstoffen. Die Pigmente sind organische und anorganischen Stoffe, die den Farbton und die Deckkraft der Beschichtungsstoffe bestimmen. Sie stellen den teuersten Inhaltstoff der Farbe dar. Billige Farbe enthält also mehr Füllstoffe, die die Farbe „strecken". Der Anteil der Weißpigmente entscheidet somit über die Qualität der Farbe. Um verschiedene Farbtöne zu erhalten, werden Farbpigmente beigemischt. Zugesetzte Flüssigkeiten wie Wasser oder Lösemittel verdünnen die Inhaltstoffe, damit die Dispersionsfarbe die richtige Konsistenz erhält.

Sie haben die Wahl zwischen Farben auf Wasserbasis und Farben auf Lösemittelbasis:

– Dispersionsfarben werden auf Wasserbasis hergestellt und sind besonders umweltschonend. Außerdem trocknen sie schnell und riechen wenig. Diese Farben eignen sich besonders gut für den Einsatz als Wandfarbe. Praktisch ist, dass Pinsel und Farbroller nach dem Streichen einfach mit Wasser und Seife ausgewaschen werden können.

– Farben auf Lösemittelbasis sind weniger umweltfreundlich, trocknen langsamer und riechen stärker. Allerdings haften sie besonders gut auf dem Untergrund. Ein weiterer Vorteil: Diese Farben, meist Lacke, gibt es auch als moderne Glanzfarben. Als Wandfarben kommen Sie allerdings kaum zum Einsatz. Wichtig: Zum Auswaschen der Pinsel benötigen Sie Terpentin oder Testbenzin.

Hinweis

◆ Nur bei bekannten Herstellermarken ist in der Regel eine Reklamation der Ware möglich.

Tipps & Tricks

◆ Berechnen Sie für den Bedarf an Farbe ca. 5% mehr für verbleibende Restmengen auf dem Deckel, im Eimer, Pinsel und auf dem Farbroller.

◆ Lassen Sie sich im Baumarkt beraten, in guten Märkten steht Fachpersonal bereit, das sich auskennt.

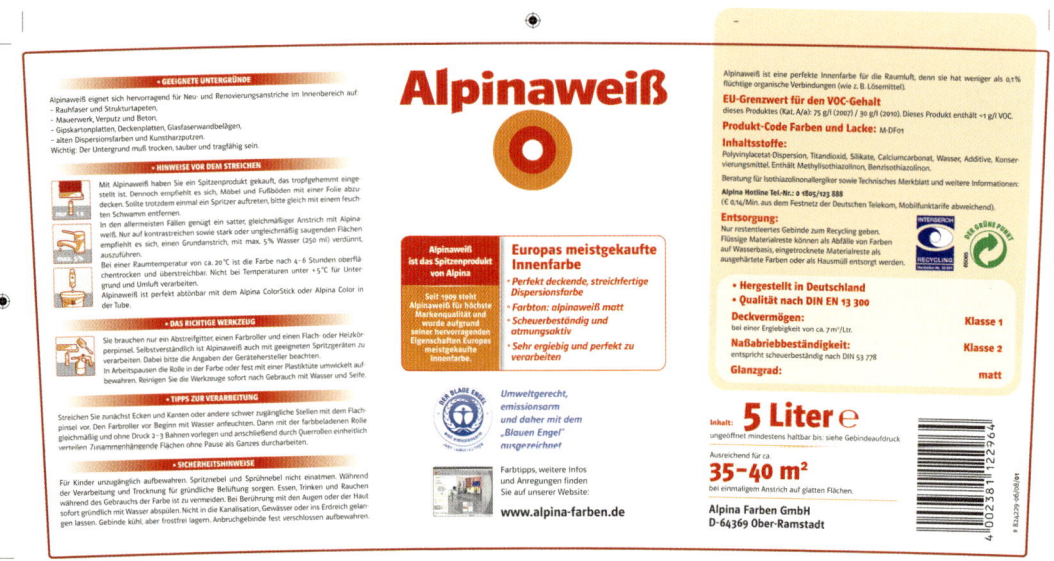

AF080185_ETI_Alpinaweiss_5L_matt_RS.indd 1   09.06.2008 12:18:18 Uhr

Die Etiketten auf den Farbkübeln geben Ihnen Auskunft über die Qualität der Farbe. Hier einige Informationen zum Verständnis der Angaben:

1. Deckvermögen

Innenfarbe sollte die Oberfläche vollständig abdecken, so dass der Untergrund nicht mehr durchscheint. Hier entscheidet der Anteil der Weißpigmente über die Deckkraft und wie lange diese anhält. Gute Farbe spart also bares Geld und jede Menge Zeit. Mit einer hochwertigen Farbe erreichen Sie in kürzerer Zeit und mit weniger Farbschichten ein ausgezeichnetes Ergebnis. **Angabe auf dem Etikett:** Die DIN-Norm DIN EN (Europäische Norm) sagt Ihnen, wie gut die Farbe deckt. Klasse 1 steht für eine sehr gute Deckkraft (99,5%). Die Klassen 2 (98%) und 3 (95%) stehen für eine mittelmäßige Deckkraft. Schlechtere Ergebnisse erhalten Sie mit Farben der Klasse 4, die weniger als 95% des Untergrundes abdecken.

2. Nassabrieb

Flecken und fettige Fingerabdrücke können eine Wand schnell unansehnlich machen. Wie gut sich Flecken später von der Wand abwischen lassen, darüber gibt der Nassabrieb Auskunft. **Angaben auf dem Etikett:** Die DIN-Norm DIN EN (Europäische Norm) sagt Ihnen, wie gut die Fleckenbeständigkeit der Farbe ist. Ist eine Farbe besonders leicht zu reinigen, erhält sie die Klasse 1 für „sehr gut". Klasse 5 steht dagegen für eine inakzeptable Farbe. Zu empfehlen sind Farben der Klasse 2.

3. Mengenangabe pro m^2

Wie viele Farbeimer Sie für Ihre Räume benötigen, lässt sich mithilfe der Literangabe auf dem Etikett leicht errechnen.

4. Glanzgrad

Der Glanzgrad gibt an, wie die Oberfläche nach dem Streichen beschaffen sein wird: mit Glanzeffekt oder matt.

5. VOC Richtlinien

Die VOC Richtlinien geben den Schadstoffgehalt im Produkt an. In den vergangenen Jahren haben die meisten Farbenhersteller ihre Rezepturen umgestellt und den Anteil an flüchtigen organischen Verbindungen (VOC) vermindert. 2004 trat eine europäische Richtlinie in Kraft, die die organischen Lösemittel in Farben und Lacken reduzieren soll. Die so genannte Decopaint-Richtlinie setzt für alle Farben, die ab dem 1. Januar 2007 produziert werden – abhängig von der Produktgruppe – Grenzwerte fest.

6. Gütesiegel

Produkte mit Gütemerkmalen wie dem „TÜV Siegel" oder dem „Blauen Engel" (kennzeichnet emissionsarme Wand- und Deckenfarben) müssen bestimmte Eigenschaften erfüllen, bzw. dürfen bestimmte Höchstmenge an bedenklichen Inhaltstoffen nicht überschreiten. Was die Anforderungen im Einzelnen beinhalten, können Sie in den Medien aktuell nachlesen. Unabhängige Verbrauchertest kontrollieren ständig die Einhaltung der Standards.

7. Entsorgung

Sie werden darüber informiert, ob das Produkt in den Hausmüll gegeben werden kann oder als Sondermüll zu betrachten ist.

Der richtige Farbtyp

Farben werden auch nach ihrer Verwendung klassifiziert. Folgende Angaben stellen eine kleine Übersicht des Angebots dar.

Nichttropfende Farbe (Dispersionsfarben)

Diese tropfgehemmten Farben eignen sich besonders zum Anstreichen von Decken. Ihre Konsistenz ist dicker als die anderer Farben, daher tropfen und spritzen sie weniger. Am besten lassen sich die Farben mit einem Farbroller auftragen.

Wandfarben (Dispersionsfarben)

Der Fachmann spricht bei herkömmlichen Wandfarben von Dispersionsfarben. Sie sind besonders geruchsarm, schnell aufzutragen und trocknen schnell. Einfach mit Pinsel oder Rolle streichen.

Strukturfarben

Diese Farben enthalten kleine Sandkörner oder Kügelchen, die an Wänden oder Decken eine interessante Struktur ergeben. Vorteil: Kleine Risse und Unebenheiten lassen sich auf diese Weise kaschieren. Strukturfarben werden meist mit dem Roller aufgetragen.

Ein-Schicht-Farben

Zeitsparend und leicht zu verarbeiten: Ein-Schicht-Farben haben den großen Vorteil, dass die Wand bzw. die Decke nur ein Mal gestrichen werden muss. Das liegt an der extrem hohen Deckkraft dieser Farben.

Schimmelschutzfarben für Küche und Badezimmer

Diese Farben beugen mit fungiziden Stoffen Stockflecken und Schimmel vor. Das ist besonders in feuchten, schlecht belüfteten Räumen wie Bad oder Küche wichtig. Die Farbe ist sowohl für Decken und Wände geeignet. Achten Sie nur darauf, die Flächen vor dem Anstrich mit einer Bleichmittel-Lösung gründlich zu reinigen. Ein zusätzliches Plus: Falls in der Küche doch einmal die kochende Tomatensoße auf die Wand spritzen sollte, ist diese nachher leicht zu reinigen, ohne dass gleich Farbe abblättert.

Dekorationsfarben

Für stilvolle Effekte auf Holz, Wänden oder Möbeln sind so genannte Dekorationsfarben erhältlich. Sie werden einfach in kleinen Mengen über die eigentliche Farbe gestrichen und setzen auf diese Weise farbliche Akzente.

„Naturfarben"

Die Bezeichnungen „Naturfarbe" oder „Bio-Farbe" sind keine feststehenden Begriffe. Firmen, die diese Namen für ihre Farben verwenden, sind lediglich bestrebt, möglichst naturbelassene Materialien als Rohstoffe zu verwenden. Diese sollen Mensch und Natur möglichst wenig belasten. Auf dem Markt sind beispielsweise Kasein-, Lehm- oder Kalkfarben.

Hinweis

◆ Die Eigenschaften von „Natur- oder Bio-Farben" unterscheiden sich manchmal von denen der herkömmlichen Wandfarben. Außerdem sind Naturfarben unter Umständen in der Verarbeitung anders zu handhaben. Die Hersteller geben darüber Auskunft.

Die Farbe in der Farbe

Tipps & Tricks

◆ Sobald Sie den Farbton gefunden haben, der Ihnen gefällt, notieren Sie sich genau den Namen, ggf. Nummer und die Marke des ausgewählten Tons. Das vereinfacht die Orientierung im Baumarkt und einen eventuellen späteren Nachkauf der Farbe.

◆ Je nach Untergrund wirken Bunttöne unterschiedlich. Als Faustregel gilt: Ein rauer Untergrund erzeugt einen dunkleren Buntton, auf glattem Untergrund wirken die Farbtöne heller.

Hinweis

◆ Je rauer der Untergrund beschaffen ist, desto mehr Farbe wird benötigt. Das kann bis zu 15% mehr ausmachen.

Die meisten Farbhersteller stellen im Handel Farbkarten zur Verfügung, auf denen alle Farbtöne ihres Sortiments in Form bunter Rechtecke aufgeführt sind. Diese können Ihnen bei der Auswahl des geeigneten Farbtons helfen. Aber es gibt noch weitere Möglichkeiten.

Getönte Dispersionsfarbe

– Getönte Dispersionsfarbe erhalten Sie, wenn Sie in Ihre weiße Eimerfarbe Abtönfarbe einmischen. Auf Dispersionsbasis ist sie in Flaschen zu 750 ml oder 250 ml erhältlich. Wünschen Sie eine besonders stark ausgeprägte Farbgebung, kann diese Farbe auch pur gestrichen werden.

– Sie können sich Ihren Farbton im Baumarkt mischen lassen. Anhand von Farbkarten kann das Personal Ihren persönlichen Farbton individuell herstellen.

– Sie erhalten im Baumarkt aber auch bereits fertig gemischte Dispersionsfarben.

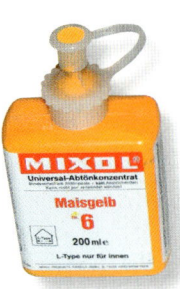

– Für Fortgeschrittene: Hoch pigmentierte Abtönkonzentrate – in kleinen Flaschen erhältlich – eignen sich ebenfalls zum Anmischen von Farbe. Diese Konzentrate enthalten keine Bindemittel und können somit nur bis zu einer Menge von 5% beigemischt werden. Den richtigen Farbton mit Pigmenten herzustellen, erfordert allerdings viel Erfahrung.

Bedarf ermitteln

Wie viele Farbeimer Sie einkaufen müssen, können Sie am besten beurteilen, indem Sie zuvor die Flächen der zu streichenden Wände und Decken berechnen.
In Räumen mit einer normalen Türe und einem normal großen Fenster werden diese Flächen nicht abgezogen.

Grundrechnung:
Für die Wände: Raumumfang x Raumhöhe = Wandfläche
Für die Decke: Deckenlänge x Deckenbreite = Deckenfläche

Rechenbeispiel

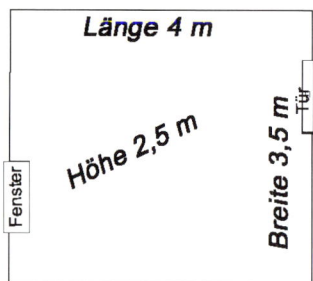

Wandfläche:
(4 m + 3,5 m + 4 m + 3,5 m) x 2,5 m = 37,5 m^2

Deckenfläche: 4 m x 3,5 m = 14 m^2

Gesamtfläche: 37,5 m2+ 14 m2 = 51,5 m^2

Vor dem Streichen

Die Farbe ist besorgt, das Werkzeug zusammengetragen. Bevor es losgeht, sollten Sie noch ein ganz wichtiges Detail erledigen: das exakte Abkleben der angrenzenden Flächen. Wird hier sorgfältig gearbeitet, sind am Ende saubere Farbkanten und Möbel ohne Farbspritzer der befriedigende Lohn der Mühe. Eine einfache Gleichung: Wer nicht gut abklebt, der putzt viel. Bevor also die Pinsel zum Einsatz kommen, muss die Baustelle eingerichtet werden.

Vorbereitung

- Türen aushängen und möglichst senkrecht außerhalb des Raumes aufstellen.
- Raum komplett leer räumen.
- Sicherung ausschalten. Mit einem Stromprüfer in einer Steckdose testen, ob noch Strom fließt (1).
- Boden mit Malervlies, Folie, Kartons oder alten Teppichen abdecken.
- Alle Flächen entstauben, vor allem auch Sockelleisten oder über dem Türrahmen. Das Klebeband hält nicht auf staubigen Flächen. Am besten geht das mit einem Entstauber (2).

- Lampen, Gardinenstangen, Regale, Schalterelemente und andere fest verankerte Teile von Wänden und Decke entfernen (3/4).
- Rollladenband abmontieren. Zuerst wird die obere, dann die untere Schraube gelöst (5). Klemmen Sie eine Schraube oder einen Schraubenzieher zwischen Gurt und oberen Einführschlitz, um ein ungewolltes Aufrollen des Bandes zu verhindern (6).

Tipps & Tricks

◆ Alle Vorarbeiten abschließen, bevor gestrichen wird, sonst ist das Chaos vorprogrammiert.

◆ Mit einem kleinen Trick können Sie sich vor dem versehentlichen Anschalten der Sicherungen schützen. Führen Sie dazu einen Draht durch das Loch unterhalb des Schalters.

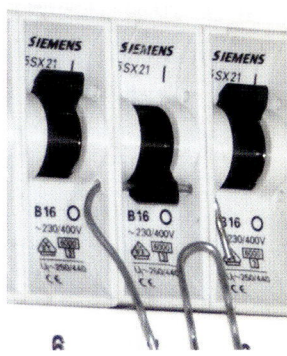

◆ Keine Zeitungen zum Abdecken verwenden, diese fliegen leicht davon oder verschieben sich.

◆ Praktisch ist es, alle Kleinteile in einem Eimer zu sammeln.

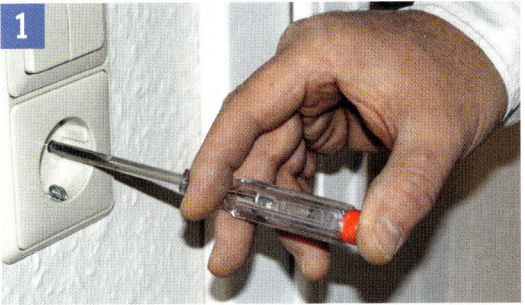

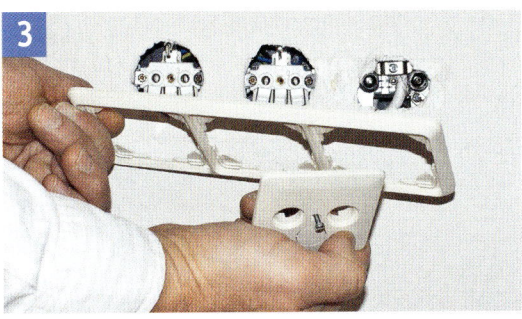
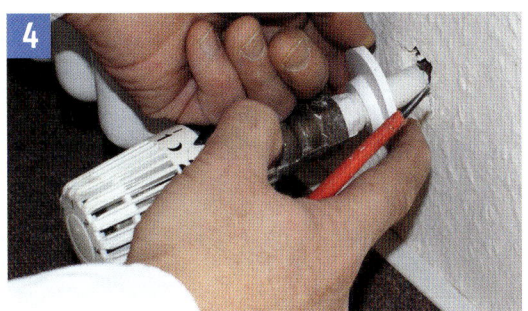
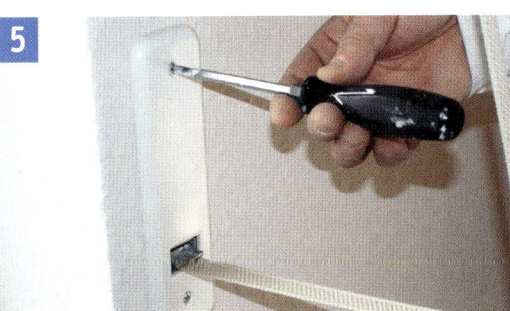
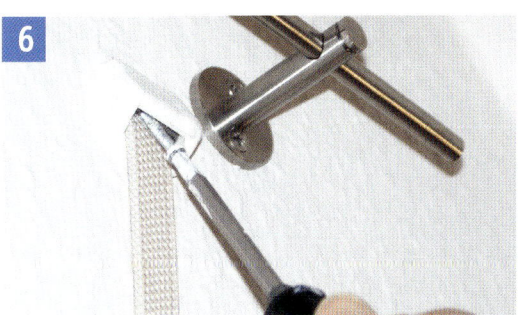

Tipps & Tricks

◆ Mit Hilfe eines Spachtels lässt sich jedes Klebeband leicht abreißen.

Hinweis

◆ An sehr heißen Sommertagen sollten Sie möglichst nicht streichen, weil die Farbe zu schnell trocknet und sich somit nicht sauber verstreichen lässt. Zugluft wirkt sich ebenfalls ungünstig auf das Trocknungsverhalten der Farbe aus.

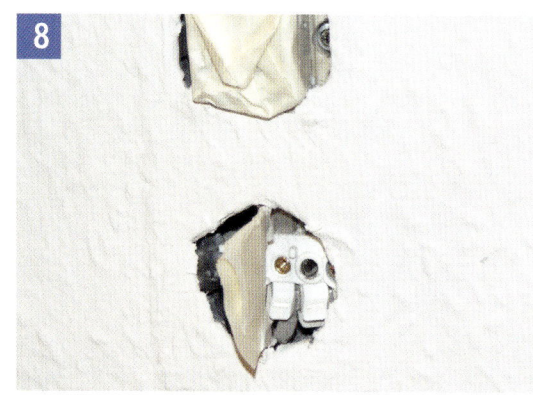

– Auch Holzbalken und Fliesen gut abdecken, weil Farbreste auf der Holzstruktur und in Fliesenfugen schlecht zu entfernen sind.

– Alle zu schützenden Flächen und Teile mit Folie und Klebeband sorgfältig abkleben. Dazu gehören Tür- und Fensterrahmen, Heizkörper, Möbel, Sockelleisten, Elektroelemente u. a. (7–10).

Wichtig: Klebeband stets gut festdrücken, damit es komplett auf der Fläche hält und keine Farbe dahinter fließen kann.

Vor dem Start:

☐ Ist der Raum weitgehend frei geräumt? Sind alle Möbel und Bauteile, die nicht gestrichen werden, abgeklebt?

☐ Ist die Sicherung ausgeschaltet?

☐ Sind Schalterelemente entfernt und abgeklebt?

☐ Ist eine Sauberlaufspur aus dem Raum (mit altem Teppich oder Karton) gelegt?

☐ Ist eine ausreichende Beleuchtung im Raum vorhanden (wenn möglich Baulampe mit 200 Watt)?

☐ Steht sauberes Wasser mit Lappen und Schwamm zum Entfernen frischer Farbflecken bereit?

☐ Sind sämtliche Werkzeuge einsatzbereit: Leiter, kleine und große Pinsel, kleine und große Walzen, Walzenverlängerung, Abstreifgitter, Handschuhe, Kappe (Mütze)?

Checkliste

Richtig Streichen

Die Vorbereitungen sind abgeschlossen, Sie wollen endlich mit der Farbe hantieren. Hier sehen Sie Schritt für Schritt, wie Sie die Farbe richtig verarbeiten, so dass am Ende mit möglichst wenig Aufwand ein einwandfreies Ergebnis erzielt wird.

1. Schritt: Farbe vorbereiten

Nach dem Öffnen des Farbeimers streichen sie mit einem Spachtel alle Farbreste von Deckel und Rand. Mit einem Messbecher wird die erforderliche Menge Wasser abgemessen (siehe Herstellerangabe) und dem Farbkübel zugegeben. Anschließend muss der Inhalt mit einem sauberen Stab oder Quirlaufsatz für die Bohrmaschine gut umgerührt werden, bis sich eine cremige, homogene Masse ergibt. Stellen Sie das Farbgitter in den Eimer.

Tipps & Tricks

◆ Anfänger streichen am besten zu zweit. Es ist ratsam, die Farbe auf zwei Eimer aufzuteilen.

◆ Walze und Pinsel vor dem Streichen mit Wasser benetzen, dann bleibt die Farbe in der richtigen Konsistenz. Ansonsten können die trockenen Werkzeuge der Farbe Wasser entziehen.

◆ Beim Streichen keine Wollkleidung tragen. Sie ärgern sich nur über viele unfreiwillige Fussel an der frisch gestrichenen Wand.

2. Schritt: Decke streichen

Beachten Sie bitte einen wichtigen Grundsatz: Beginnen Sie immer mit der Decke. Arbeiten Sie von der Lichtquelle ins Dunkel und von oben nach unten.

Streichen Sie zuerst mit dem Pinsel und der kleinen Walze die Ecken und Ränder vor. Dabei den Pinsel immer satt in die Farbe tauchen. Die Farbe muss an der Wand „matschend" klingen. Anfänger neigen dazu, zu wenig Farbe zu verwenden. Die Ränder des Pinselstriches werden mit der kleinen Walze immer „fransig" ausgestrichen, damit die Übergänge später nicht sichtbar sind.

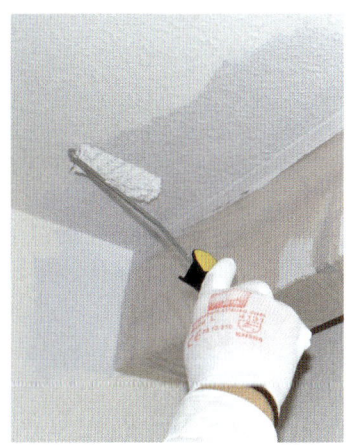

Haben Sie auf der Decke alle Randbereiche
vorgestrichen, bearbeiten Sie mit der großen
Walze, am besten mithilfe einer Verlängerung,
die großen Flächen. Zwischen diesen Arbeitsgängen sollten Sie keine Pause machen, damit
keine sichtbaren Übergänge bleiben.

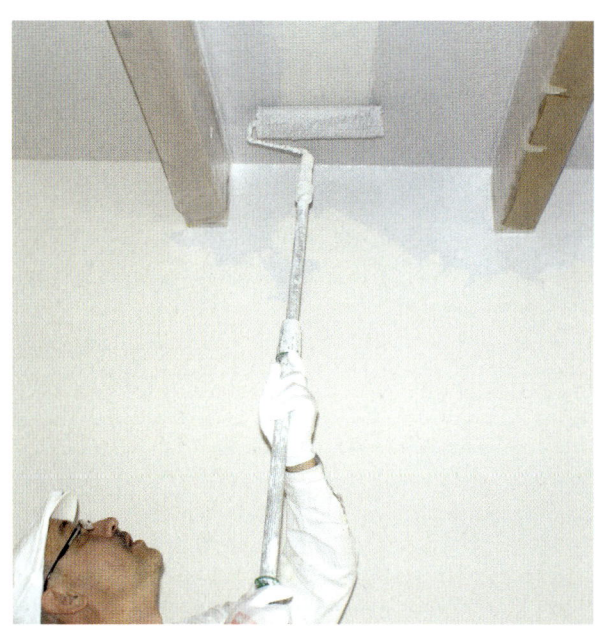

3. Schritt: Wände streichen

Ist die Decke fertig, gehen Sie die
Wandflächen nach demselben Prinzip wie die Decke an. Streichen Sie
Ecken und Ränder mit dem Pinsel
und der kleinen Walze vor und
bearbeiten Sie anschließend mit
der großen Walze die restlichen
Flächen.

4. Schritt: Klebeband entfernen

Entfernen Sie das Klebeband und die Abdeckungen nach getaner Arbeit erst, wenn die Farbe etwas abgetrocknet ist.

Ausbesserungsarbeiten an fertigen Wänden

Auch bei sorgfältiger Vorgehensweise kann es ab und an zu einem „Malheur" kommen. Bevor Sie im ungünstigsten Fall die Wand nochmals neu streichen müssen (manchmal kann das die beste Lösung sein), zeigen wir Ihnen hier ein paar Tricks und Kniffe zur Behebung kleiner Schäden und Patzer.

Tipps & Tricks

◆ Ausbesserungsarbeiten sind sehr schwierig, wenn nichts mehr von der Originalfarbe übrig ist. Deshalb immer etwas Farbe in einem beschrifteten Glas aufheben.

Missgeschick	Lösung
Verunreinigung im Farbeimer In der gut aufgerührten und verdünnten Farbe schwimmen plötzlich Fremdkörper, z. B. getrocknete Farbbrösel vom Deckel.	Farbe umfüllen und dabei durch einen Damen-Nylonstrumpf abseien. Auch ein altes Küchensieb tut hier gute Dienste.
„Durchblutende" Flecken von Ruß, Teer, Nikotin oder Wasser Wenn solche Flecken vor dem Streichen nicht mit speziellen Farben abgesperrt wurden, können sie später durch den frischen Anstrich durchscheinen.	Diese Flecken werden immer wieder durch den neuen Anstrich hindurchscheinen. Überdecken Sie diese Stellen am besten mit speziellen Wand-Tatoos oder Bildern.
Fehlstellen Wer mit einem Farbton streicht, der dem des Untergrundes ähnelt, kann während des Streichens leicht einzelne Stellen übersehen.	Lassen Sie die Farbe trocknen. Bessern Sie die Fehlstellen mit derselben Walze und Farbe ringförmig von innen nach außen (zur gestrichenen Farbe hin) aus. Übrigens: Je matter die Farbe, desto leichter lässt sie sich ausbessern, ohne dass man die Übergänge sieht.
Buntton zu intensiv Die Wand erscheint nach getaner Arbeit zu farbintensiv. Das kann auch bei speziellen Kreativtechniken passieren, z. B. Stupftechnik oder Bürstenlasur.	Vorsichtig mit weißer Lasur überlasieren und so den Ton mildern.
Kuli oder Filzstift auf der Wand	Diese Flecken lassen sich nicht mehr entfernen. Am besten überstreichen Sie die ganze Wand im Originalfarbton. Ist dieser nicht mehr vorhanden, wäre auch das Anlegen eines andersfarbigen Streifens über die gesamte Wandlänge eine kreative Gestaltungsidee. Oder Sie überdecken die Kritzeleien mit farbigen Motiven (Schablone oder frei Hand). Eine weitere Möglichkeit ist das Anbringen von Wand-Tatoos.

Kreative

Wandgestaltung

Die Grundlagen sind geschaffen, Sie wissen, wie sich Ihre Wände mit diversen Tapeten oder neuen Anstrichen verschönern lassen. Mit diesem Fundament, neuen Ideen, viel Fantasie und einigen geschickten Handgriffen können Sie Ihrem Raum noch mehr Profil verleihen.

Die Möglichkeiten, Wände auch mit schmalem Geldbeutel individuell zu gestalten, sind vielfältig. Wandgestaltungen mit Schablonenbordüren oder in Wisch-, Tupf-, Spachtel- oder Lasurtechnik liegen im Trend der Zeit. Entsprechende Handwerksgeräte und Hilfsmittel wie beispielsweise Schablonen, Effektroller, Schwämme oder Wischhandschuhe, die es auch ungeübten Renovierern leicht machen, kreativ tätig zu werden, sind im Baumarkt erhältlich. Wenn Sie verschiedene Gestaltungselemente mischen, können Sie noch pfiffigere Ergebnisse erzielen.

Auf den folgenden Seiten finden Sie Schritt-für-Schritt-Anleitungen für ganz besondere Wände.

- Stupftechnik
- Lasurtechniken
- Wickeltechnik
- Schablonieren
- Freie Wandbemalung
- Lehm-Spachtelputz
- Glättetechnik
- Stuckverzierungen

Stupftechnik

Hinweis

◆ Schützen Sie Ihre Hände und verwenden Sie unbedingt wasserfeste Handschuhe, beispielsweise aus Latex oder Haushaltshandschuhe aus Nitril oder Gummi.

Ihre Grundausstattung

Ein Naturschwamm leistet nicht nur beim Baden gute Dienste, Sie können ihn auch verwenden, um die Wände Ihrer Wohnung damit zu verschönern. Auf Grund seiner Struktur bringt der Schwamm lebendige Muster auf Tapeten und Putz. Diese Technik eignet sich – großflächig aufgetragen – für alle Räume und die meisten Oberflächen oder für interessante Effekte in Teilbereichen.

Beachten Sie, dass nur noch die Werkzeuge und Arbeitsmittel aufgeführt werden, die für die im folgenden gezeigte Technik relevant sind. Gängige Hilfsmittel, wie z. B. Abdeckmaterial, werden nicht mehr genannt. Wenn Sie unsicher sind, was grundsätzlich zur Wandrenovierung vonnöten ist, blättern Sie in den entsprechenden Kapiteln am Anfang des Buches.

Werkzeug
◆ Naturschwamm, handgroß
◆ Farbeimerdeckel oder Malpalette
◆ Latex- oder Gummihandschuhe
◆ Karton als Schutz für angrenzende Flächen

Material
◆ Dispersionsfarbe
◆ Vollton-Mischfarben auf Dispersionsbasis
◆ evtl. Abtönfarbkonzentrate

Untergrund
◆ Diese Technik eignet sich für die meisten Untergründe. Besonders gut kommt die Stupftechnik auf Raufasertapete, Vliestapete, Glasfasertapete und auf allen heute üblich verputzten Wänden zur Geltung.

Zeitaufwand
◆ Wenig

Schwierigkeitsgrad
◆ Leicht

Wand vorbereiten

Kleben Sie alle angrenzenden Flächen mit Klebeband ab. Streichen Sie den Untergrund zuvor weiß oder einfarbig vor.

Farbe anmischen

Mischen Sie die gewünschte Dispersionsfarbe mit Vollton-Mischfarben oder Farbkonzentraten. Achtung: Konzentrate sind eher für geübte Handwerker geeignet. Feuchten Sie anschließend den Schwamm an, aber achten Sie darauf, dass er nicht zu nass ist.

Mit dem Schwamm Farbe aufbringen

Bringen Sie einige Farbkleckse auf einen Farbdeckel oder eine Malpalette auf. Jetzt nehmen Sie mit dem Schwamm wenig Farbe auf und stempeln diese vorsichtig an die Wand. Drücken Sie den Schwamm nicht zu fest an die Wand, ansonsten könnte Ihr Motiv verschmieren.
Die Anordnung des Musters gestalten Sie ganz nach individuellem Geschmack und Fantasie.

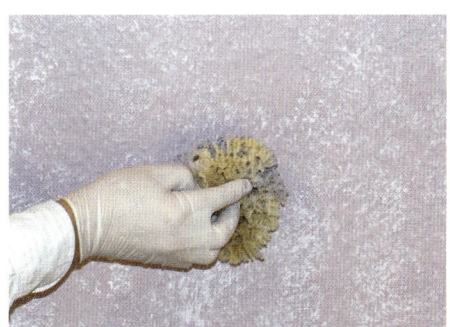

Trocknen lassen

Lassen Sie den Farbauftrag gut trocknen.

Fertigstellung

Wenn die Wand komplett mit der ersten Farbschicht bearbeitet ist, können Sie mit einem neu angemischten Farbton das Ganze wiederholen. Fahren Sie so lange fort, bis Sie ein Ergebnis erhalten, mit dem Sie zufrieden sind. Denken Sie daran, die Farbschichten zwischen den einzelnen Arbeitsgängen immer wieder gut trocknen zu lassen.

Tipps & Tricks

◆ Gute Naturschwämme finden Sie sowohl im Baumarkt als auch in der Drogerie. Achten Sie beim Kauf darauf, dass der Schwamm so groß ist, dass er Ihnen bequem in der Hand liegt. Alternativ können Sie auch einen rund zugeschnittenen Synthetikschwamm oder Autoschwamm benutzen, allerdings ergeben sich andere Musterungen als beim Naturschwamm.

◆ Probieren Sie die Technik am besten zuvor auf einem Stück alter Tapete aus.

Hinweis

◆ Verwenden Sie auf lackierten Flächen Lackfarbe!

Lasurtechniken

◆ Lasuren wirken besonders lebendig, wenn Sie mehrere Farbnuancen übereinanderlegen. Der durchschimmernde Effekt der Lasurschichten lässt auf diese Weise neue Bunttöne direkt an der Wand entstehen.

Eine Lasur ist eine transparente Farbschicht, die mit der jeweiligen Untergrundfarbe in ein faszinierendes Wechselspiel tritt. Lasierte Wandflächen scheinen sich aufzulösen, haben eine schimmernde oder vibrierende Anmutung. Verantwortlich dafür ist die besondere Konsistenz des Werkstoffes Lasur. Sie lässt im Gegensatz zur Volltonfarbe den Untergrund durchscheinen. Die Hersteller bieten unterschiedliche Lasuren für individuelle Wirkungen an. Eine Lasur wirkt auf den meisten Oberflächen und kann für ganze Räume ebenso einge-

setzt werden wie für Teilbereiche. Es gibt verschiedene Varianten von Lasurtechniken, hier lernen Sie drei unterschiedliche Vorgehensweisen kennen. Lasuren können Sie auch selbst herstellen. Was Sie dafür brauchen, entnehmen Sie der Materialliste.

Ihre Grundausstattung

Beachten Sie, dass nur noch die Werkzeuge und Arbeitsmittel aufgeführt werden, die für die gezeigte Technik relevant sind. Gängige Hilfsmittel, wie z. B. Abdeckmaterial, werden nicht mehr genannt.

Werkzeug
- Lasurhandschuh oder Lasurbürste
- Farbeimerdeckel oder Malpalette
- Latexhandschuhe oder Gummihandschuhe
- Karton
- Eimer
- Pinsel
- Rührstab

Material
- Fertige Lasur oder
- für selbst hergestellte Lasur:
  Dispersionsbindemittel oder Pigmentbinder
  (z. B. Caparol Binder)
- Abtönfarbkonzentrate
- Vollton-Mischfarben auf Dispersionsbasis

Untergrund
- Der optimale Untergrund ist eine verputzte Wand (mit heute üblichen Wandputzen), die zuvor mit einem feinkörnigen Streichputz gestrichen wurde. Auch gestrichene Raufaser-, Vlies- und Glasfasertapeten eignen sich als Untergrund für Lasur-Techniken. Die Oberflächenbeschaffenheit des Untergrunds, ob grob oder fein, hat ebenfalls Einfluss auf das Ergebnis des Lasureffektes. Achtung, bei zu rauen Untergründen kann sich in den Vertiefungen ein Zuviel an Farbe ansammeln, aus dem hässliche Läufer oder Farbflecken entstehen können.

Zeitaufwand
- Je nach Technik

Schwierigkeitsgrad
- Meist einfach

Tipps & Tricks
- Laibungen und Nischen nicht lasieren, sondern weiß lassen. Das wirkt sehr elegant.

Tipps & Tricks

◆ Verwenden Sie am besten einen handgroßen Naturschwamm. Alternativ können Sie auch einen Synthetik- oder Autoschwamm nehmen, das Ergebnis wird aber nicht so schön.

◆ Es ist ratsam, die Farbmischung zuerst auf einem alten Tapetenstück auszuprobieren. Lassen Sie die Farbe trocknen, erst dann sehen Sie den realen Farbton.

◆ Verwenden Sie nur Farben aus einer Farbfamilie. Zu starke Kontraste, beispielsweise bei Komplementärfarben (siehe „Vorbereitung" Seite 6), wirken meist übermäßig bunt. Derartige Effekte empfehlen sich nur auf kleinen Flächen, ganze Wände würden zu unruhig erscheinen.

◆ Sollte einmal etwas farblich oder handwerklich danebengegangen sein, verzweifeln sie nicht. Überstreichen Sie einfach die trockene Wand erneut mit Dispersionsfarbe und beginnen Sie noch einmal von vorn.

Lasur mit dem Schwamm

Das Besondere an dieser Technik ist, dass das Muster auf der Wand schlecht planbar ist. Dadurch kann sich ein sehr eigenwilliger Charakter ergeben.

Wand vorbereiten

Kleben Sie alle angrenzenden Flächen ab. Tragen Sie auf normal verputzte Wände eventuell einen feinkörnigen Streichputz auf. Streichen Sie den Untergrund zuvor weiß oder einfarbig vor.

Lasur herstellen

Mischen Sie das Dispersionsbindmittel oder den Pigmentbinder mit der Vollton-Mischfarbe oder den Farbkonzentraten. Verwenden Sie bei der Arbeit Latexhandschuhe, denn mit Volltonfarbe oder Farbkonzentrat verunreinigte Hände lassen sich nur schlecht reinigen. Natürlich können Sie auch fertige Lasuren verwenden.

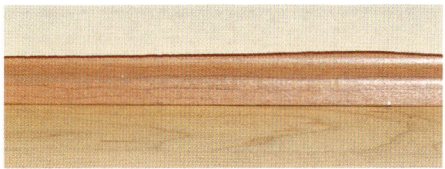

Schwamm vorbereiten

Bringen Sie etwas von Ihrer Lasur auf den Deckel eines Farbeimers oder eine Malerpalette auf. Feuchten Sie anschließend den Schwamm an, aber achten Sie darauf, dass er nicht zu nass wird. Tränken Sie den Schwamm leicht mit der Lasur.

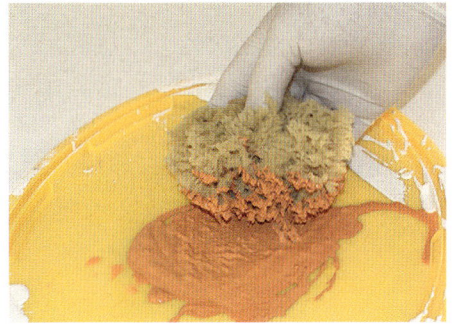

Lasur aufbringen und verwischen

Streichen oder stempeln Sie die Farbe in Kreisbewegungen auf die Fläche auf und verwischen Sie den Lasurauftrag anschließend **sofort** mit dem Schwamm.

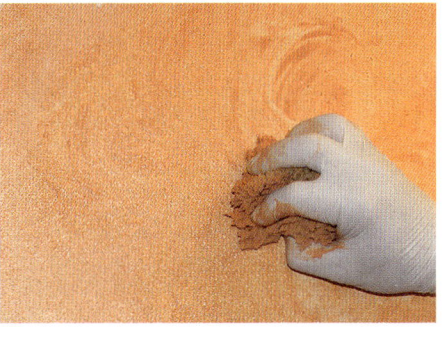

Fertigstellung

Lassen Sie die Lasur trocknen. Es ist bei dieser Lasurtechnik ohne Weiteres möglich, mit dem Schwamm eine zweite und dritten Farbschattierung aufzutragen und die genannten Schritte zu wiederholen, bis sich ein befriedigendes Ergebnis ergibt.

Hinweis

◆ Abtönkonzentrate müssen sehr vorsichtig dosiert werden, da ihre Färbekraft enorm ist. Fügen Sie die Farben dem Binder nur tröpfchenweise zu, ansonsten kann der Buntton schnell zu intensiv werden. Sollte das passiert sein, können Sie durch Zugabe von mehr Binder die Farbintensität abmildern.

Lasur mit Farbpartikeln

Ihre Grundausstattung

Hinweis

◆ Rühren Sie den Werkstoff im Eimer behutsam um. Verwenden Sie hier keinen Bohrmaschinenquirl.

Werkzeug
◆ Flächenstreicher, oval oder rechteckig
◆ Abstauber

Material
◆ Effektlasur (z. B. Alpina LivingStyle ACCENT)

Untergrund
◆ Ein optimaler Untergrund ist die mit heute herkömmlichen Mitteln verputzte Wandfläche. Diese muss mit einem feinförnigen Putzgrund vorgestrichen werden. Raufasertapete, Vliestapete und Glasfasertapete können ebenfalls mit dieser Lasurtechnik bearbeitet werden, allerdings sollten die Oberflächen nicht zu grob sein.

Zeitaufwand
◆ Zeitaufwendig

Schwierigkeitsgrad
◆ Mittel bis schwierig

Mit dieser Lasur zaubern Sie eine Oberfläche, die leicht wie eine Lasur und gleichzeitig patiniert wie ein vom Regen verwaschener Anstrich wirkt. Die farbigen Teilchen in der Effektlasur schaffen einen lebendigen Farbkontrast auf der Wand. Sie können mit dieser Technik die meisten Oberflächen veredeln. Allerdings ist diese Effektlasur nicht einfach zu handhaben, Sie sollten dafür schon etwas geübter sein.

Tipps & Tricks

◆ Die Lasur kann auch ein zweites Mal aufgetragen werden. So erreichen Sie eine optimale Deckung.

◆ Einen besonders edlen Effekt erhalten Sie, wenn Sie Lasuren im „Metallic-Look" verwenden.

Wand vorbereiten

1 Kleben Sie alle angrenzenden Flächen mit Klebeband ab. Glatte Untergründe müssen mit Putzgrund vorgestrichen werden, damit der Untergrund eine zarte Struktur erhält und griffiger wird. Wichtig: die Grundierung muss aufgebürstet werden!

Effektlasur aufbürsten

2 Tragen Sie die Lasur mit dem Flächenstreicher vollflächig auf. Führen Sie die Bürste dabei kreuz und quer. Lassen Sie die Lasur ca. 5 bis 10 Minuten antrocknen.

Oberfläche verfeinern

3 Anschließend „verschlichten" Sie die Oberfläche mit dem Abstauber. Das heißt, die weißen Farbpigmente werden – zur Verfeinerung der Struktur abermals im Kreuzgang – mit der Bürste zart verstrichen.

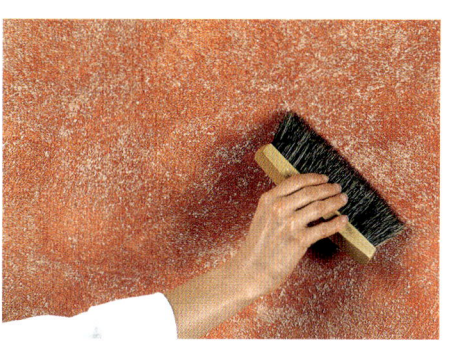

Wickeltechnik

Ihre Grundausstattung

◆ Die Wickeltechnik ist nur für kleine Bereiche oder Teilflächen zu empfehlen, da es sehr mühsam ist, auf großen Formaten ein gleichmäßiges Muster zu erzeugen.

Die Wickeltechnik hüllt die Wand in ein dynamisches Kleid. Für diese alte Maltechnik benötigen Sie nicht einmal Spezialwerkzeug, ein alter Lederlappen oder ein anderes, fusselfreies Tuch kommen hier zu einem effektvollen Einsatz. Wie das Muster auf der Wand später beschaffen ist, ob fein oder grob gemustert, hängt von der Struktur und Größe des Lappens ab. Probieren Sie diese Technik am besten zuvor auf einem alten Tapetenrest oder einem Karton aus.

Werkzeug
◆ Naturlederlappen oder verschiedene fusselfreie (!) Lappen, ca. 30 cm x 30 cm groß
◆ Latexhandschuhe

Material
◆ Dispersionsfarbe, getönt
◆ Evtl. Abtönfarbkonzentrate

Untergrund
◆ Raufasertapete, Vliestapete, Glasfasertapete, heute üblich verputzte Wand. Grobe Untergründe sind weniger gut geeignet; die Farbe könnte sich in die Vertiefungen setzen, und unschöne Flecken ergeben.

Zeitaufwand
◆ Aufwendig, besonders auf großen Flächen

Schwierigkeitsgrad
◆ Leicht bis mittel

Wand vorbereiten und Lappen bereitstellen

Kleben Sie alle angrenzenden Flächen mit Klebeband ab. Streichen Sie den Untergrund zuvor weiß oder einfarbig vor.
Ein Naturlederlappen ist für diese Technik bestens geeignet.

◆ Struktur und Größe des Lappens bestimmen das spätere Erscheinungsbild der Oberfläche. Weiche, feinteilige Muster erzielen Sie mit feinen Stofflappen, rustikale Oberflächen mit groben Materialien, beispielsweise Jute.

Farbe bereitstellen

Stellen Sie den gewünschten Farbton, entweder als fertige Dispersion oder als selbst angefertigte Mischung bereit und feuchten Sie den Leder- oder Stofflappen mit Wasser an.

◆ Besondere Effekte erzielt man, wenn die Farbe zum Wickeln verdünnt oder aber mit Strukturpasten aus dem Künstlerbedarf eingedickt wird (Reliefeffekt).

Alternativ: Spezial-Roller verwenden

Eine Alternative zum Wickellappen bieten Spezial-Roller aus dem Baumarkt. Es gibt sie aus Leder oder Kunststoff.
Wichtig: Auch dieses Werkzeug sollte vor Gebrauch angefeuchtet werden.

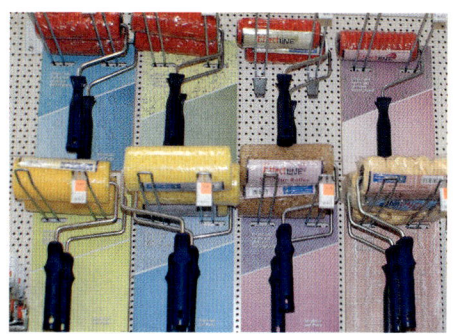

Farbe aufnehmen

Nehmen Sie mit dem Lappen etwas Farbe auf und knäueln Sie ihn zusammen. Achten Sie darauf, dass die Ecken des Lappens im Knäuel liegen, da sich sonst beim Abrollen störende „Patscher" bilden.
Sie können auch etwas Farbe auf eine glatte Fläche, z. B. eine alte Glasplatte oder eine Kunststoffplatte auftragen und von dort mit dem aufgerollten Lappen aufnehmen. So bleibt das Muster erhalten und sie können die Farbmenge besser dosieren.

Lappen auf der Wandfläche abrollen

Rollen Sie nun den Lappen kreuz und quer auf der Wandfläche ab. Variieren Sie den Drück, üben Sie mal mehr, mal weniger Druck aus, um das Muster ungleichmäßiger erscheinen zu lassen.
Wenn Sie statt eines Lappens einen Spezial-Roller verwenden, tragen Sie damit die Farbe ebenfalls kreuz und quer auf, damit das Muster nicht zu gleichmäßig wird.
Wenn die Farbintensität auf der Wand schwächer wird, nehmen Sie erneut Farbe auf den Lappen und fahren fort wie zuvor.

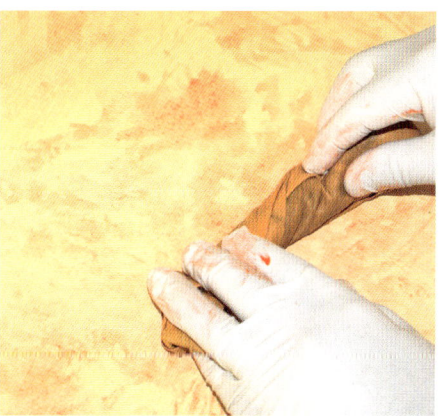

Schablonieren

Ihre Grundausstattung

Schablonieren ist eine alte Dekorationsmethode, die heute wieder hoch im Kurs steht. Mit einer Schablone und einfacher Abdeckfarbe können auch Ungeübte vielfältige Muster, Symbole oder Texte auf eine Wand bringen und somit dem Raum zu wirkungsvollen Hinguckern verhelfen. Je nach Motiv und Anordnung auf der Wand können die Muster romantisch, cool oder gemütlich wirken. Nahezu alle Untergründe – sie sollten nicht zu grob sein – eignen sich zum Schablonieren. Schablonen gibt es fertig zu kaufen, allerdings können Sie die Vorlagen auch leicht selbst herstellen. Eine Anleitung dazu und Schablonenvorlagen finden Sie auf den Seiten 126–129.

Werkzeug
◆ Schablonen
◆ Schablonierer (Spezialpinsel)

Material
◆ Dispersionsfarbe
◆ Vollton-Mischfarben
◆ Evtl. Abtönfarbkonzentrate
◆ Klebeband

Untergrund
◆ Die meisten Tapetenarten sowie heute üblich vergipste Wände eignen sich zum Schablonieren.

Zeitaufwand
◆ Braucht etwas Zeit.

Schwierigkeitsgrad
◆ Leicht bis schwierig (Mehrschlagschablonen)

Wand vorbereiten, Schritt 1

Streichen Sie die Wandfläche in dem gewünschten Farbton.

Wand vorbereiten, Schritt 2

Wenn Sie wie in unserem Beispiel zweifarbig arbeiten möchten, bearbeiten Sie im nächsten Schritt die zweite Fläche. Kleben Sie den Übergang mit Malerkrepp sorgfältig ab. Die erste Farbe sollte zuvor in die Fläche des folgenden Anstrichs gestrichen worden sein, um einen sauberen Anschluss zu bekommen.

Klebeband entfernen

Entfernen Sie das Klebeband vorsichtig, nachdem die Farbe angetrocknet ist.

Schablone fixieren

Fixieren Sie die Schablone mit Klebeband an die vorgesehene Stelle an der Wand. Überprüfen Sie den korrekten Sitz eventuell mit einer Wasserwaage. Legen Sie die gewünschte Farbe für das Motiv bereit.

Farbe mit dem Schablonierer auftragen

Nehmen Sie mit dem Schablonierer etwas Farbe auf und stupfen Sie sie in die Aussparungen der Schablone. Beginnen Sie dabei am Rand und arbeiten Sie sich zur Mitte hin vor. Drücken Sie die Schablone während des Ausmalens des Motivs mit der Hand fest an die Wand, um scharfe Konturen zu erhalten. Bei einem längeren Bordürenfries muss die Schablone immer wieder überlappend neu angesetzt werden. Achten Sie auf einen exakten Anschluss und fixieren Sie die Schablone erneut mit Klebeband.
Arbeiten Sie mit einer Mehrschlagschablone, lassen Sie die erste Farbe zunächst antrocknen. Bringen Sie erst dann das zweite Motiv wie zuvor beschrieben an der Wand an. Achten Sie auch hier auf die exakte Platzierung der Schablone.

Tipps & Tricks

◆ Verwenden Sie einen Karton oder Ähnliches, um überschüssige Farbe vom Schablonierpinsel abzutupfen. Zu viel Farbe auf dem Motiv lässt die Pinselstriche sichtbar werden und erschwert die Arbeit. Außerdem kann schnell Farbe hinter die Schablone laufen.

◆ Unsaubere Ränder arbeiten Sie am Ende mit einem feinen Haarpinsel nach.

◆ Sollte Ihnen kein Schablonierpinsel zur Verfügung stehen, können Sie auch einen runden Lackierpinsel (auch Ringpinsel genannt) verwenden. Damit sich die Borsten beim Tupfen nicht auffächern, stabilisieren Sie sie am besten, indem Sie in der Länge etwa zwei Drittel der Borsten mit Klebeband fixieren.

Freie Wandbemalung

Mit eigenen Kreationen die Wand zu verschönern macht viel Spaß und ist einfacher, als Sie denken. Mit der folgenden Schritt-für-Schritt-Anleitung kann nichts schiefgehen.

Ihre Grundausstattung

Beachten Sie, dass nur noch die Werkzeuge und Arbeitsmittel aufgeführt werden, die für die gezeigte Technik relevant sind. Gängige Hilfsmittel, wie z. B. Abdeckmaterial, werden nicht mehr genannt.

Werkzeug
- Verschiedene Pinsel
- Bleistift
- Schaumstoffwalze in verschiedenen Breiten und passende Walzenwanne
- Evtl. Klebeband

Material
- Vollton-Mischfarben auf Dispersionsbasis in verschiedenen Farben.

Untergrund
- Prinzipiell können alle Untergründe bemalt werden, glattere Oberflächen eignen sich aber besser. Auf groben Oberflächen hält das Abklebematerial schlecht, es besteht die Gefahr, dass die Farbe hinter das Klebeband läuft.

Zeitaufwand
- Wenig bis viel, je nach Motiv

Schwierigkeitsgrad
- Leicht bis schwierig, je nach Motiv

Wand vorbereiten

Decken Sie den Boden mit geeignetem Material ab. Die Wand, an der gearbeitet wird, muss frei von Schmutz, Fusseln und Fett sein.

Motiv vorzeichnen und ausmalen

Zeichnen oder pausen Sie die Kreisform des Motivs mit einem Bleistift an die Wand. Beginnen Sie anschließend damit, die Ränder mit der Farbe aufzumalen. Der Bleistiftstrich sollte dabei übermalt werden. Malen Sie anschließend die Innenfläche aus und lassen Sie die Farbschicht gut trocknen.

Den zweiten Teil des Motivs vorbereiten

Beginnen Sie nun, mit dem Bleistift die Konturen des Schriftzeichens auf die Wand zu übertragen. Malen Sie auch hier die Begrenzungslinien mit der gewünschten Farbe vor.

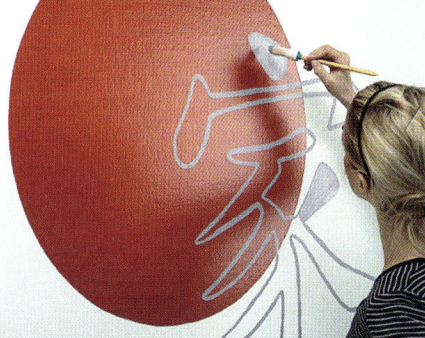

Fertigstellung

Malen Sie anschließend die Innenfläche aus. Achten Sie darauf, dass die Farbe nicht zu dick ist, Farbe von zäher Konsistenz lässt sich schlecht verarbeiten. Verdünnen Sie die Farbe eventuell etwas mit Wasser. Sollten Sie allerdings einen Relieffekt auf der Wand wünschen, müssen Sie die Farbe sogar noch mit entsprechenden Zusätzen eindicken.

Tipps & Tricks

◆ Mit einem Beamer oder Diaprojektor lassen sich Motive an die Wand projizieren und somit leichter übertragen.

◆ Zum Ausfüllen des Motivs können Sie verschiedene Techniken anwenden. Sie können beispielsweise die Farbe mit einem Schwamm auftupfen oder das Motiv mit alten Tapetenresten oder Textilschnipseln füllen.

Lehm-Spachtelputz

Ihre Grundausstattung

Beachten Sie, dass nur noch die Werkzeuge und Arbeitsmittel aufgeführt werden, die für die gezeigte Technik relevant sind. Gängige Hilfsmittel, wie z. B. Abdeckmaterial, werden nicht mehr genannt.

Werkzeug
◆ Eimer
◆ Rührstab
◆ Venezianische Kelle
◆ Klebeband

Material
◆ Lehm-Spachtelputz, fertiges Produkt als Pulver in verschiedenen Farben erhältlich

Untergrund
◆ Alle Untergründe müssen tragfähig, staub- und fettfrei, frei von Ausblühungen sowie dauerhaft trocken sein. Untergründe mit unterschiedlichem Saugverhalten, beispielsweise Trockenbauplatten, Gipsputze, Betonflächen, Vliestapeten, angeschliffene, matte Altputze u. Ä. werden zunächst mit einer Putzgrundierung (z. B. Preludio® von Lesando) vorbehandelt.

Zeitaufwand
◆ Etwas zeitaufwendig

Schwierigkeitsgrad
◆ Mittelschwer

Capriccio® von Lesando – einfache Anwendung

Putze aus Lehm bestehen aus reiner Erde, die mit Pflanzenfasern veredelt ist. Dieses seit mehr als 9000 Jahren verwendete Naturprodukt erfüllt heute ökologische und baubiologische Ansprüche wie kein anderer Baustoff. Zur Herstellung wird wenig Energie verbraucht und Lehm ist bei der Verarbeitung völlig unschädlich. Zudem verbessert er das Raumklima. Der in diesem Beispiel verwendete Lehmputz CAPRICCIO von Lesando ist benutzerfreundlich und vielseitig aufbereitet. Der Spachtelputz wird in sechs Basistönen und 105 Mischtönen angeboten. Die Oberfläche lässt sich mit unterschiedlichen Techniken variieren. Der Lehmputz kann gefilzt, geglättet, verdichtet und geschliffen werden. Mit dieser handwerklichen Technik „lebt" Ihre Wandfläche, sie zeigt eine mehr oder weniger leichte „Wolkigkeit".
Den Lehmspachtelputz können Sie im Prinzip in jedem Raum auf Wänden und Decken anwenden. Zuvor sollte allerdings geprüft werden, ob der Untergrund für einen Lehm-Spachtelputz geeignet ist und wie er vorbehandelt werden muss. Diese Technik erfordert etwas handwerkliches Geschick und ist eher nicht für Anfänger geeignet.

Wand vorbereiten

Bringen Sie, falls nötig, zuvor eine geeignete Putzgrundierung auf die Wandfläche auf (z. B. Preludio® von Lesando). Rühren Sie den Spachtelputz an. Beachten Sie dabei die Quellzeit laut Herstellerangaben.

Tipps & Tricks

◆ In der Regel beträgt die Stärke des Putzauftrages ca. 2 Millimeter. Halten Sie daher beim Abkleben der Deckenränder etwas Abstand.

Ränder abkleben

Kleben Sie die Deckenränder mit breitem Klebeband sorgfältig ab.

Spachtelmasse auftragen

Beginnen Sie an der dafür vorgesehenen Wand links oben. Nehmen Sie etwas Spachtelmasse auf die Kelle und bringen Sie sie mit der Kelle „diagonal" über die Wand.

Teilflächen bearbeiten

Arbeiten Sie sich in kleinen Teilflächen von etwa einem halben Quadratmeter vor.
Arbeiten Sie von unten nach oben und von oben nach unten. Achten Sie darauf, keine geraden Linien zu erzeugen, da diese später auffallen.

Arbeiten im ganzen Raum

Wenn Sie nicht nur eine Wand, sondern einen ganzen Raum in der Spachtelputztechnik gestalten wollen, bearbeiten Sie nach der Fertigstellung einer Wandfläche die gegenüberliegende auf die selbe Weise. Lassen Sie dann beide Flächen ganz durchtrocknen. Bevor Sie die angrenzenden Wände bearbeiten, kleben Sie die fertigen Flächen mit Klebeband ab.

Mit verschiedenfarbigen Putzen arbeiten

Sie können mit der Lehm-Spachtelputztechnik auch zwei verschieden gefärbte Putze gleichzeitig auftragen und noch im nassen Zustand ineinander verglätten.

Putz auftragen

1 Nehmen Sie von jeder Farbe einen Klecks Spachtelmasse auf die Kelle. Beginnen Sie wieder in der linken oberen Ecke. Drücken Sie den Spachtelputz behutsam an den Untergrund an, damit Ihnen nicht zu viel von der Masse nach unten fällt.

Putz aufglätten

2 Glätten Sie den Lehmputz in kurzen, weichen Zügen. Wechseln Sie häufig die Arbeitsrichtung. Arbeiten Sie in kleinen Teilflächen. Die Größe der Teilfläche ergibt sich automatisch durch die Reichweite der Materialmenge auf der Kelle.

Putze mischen und verglätten

3 Spachteln Sie die beiden Lehmputze sofort in noch feuchtem Zustand ineinander und verglätten Sie sie. Nur so vermischen sich die beiden Farbtöne gut miteinander.

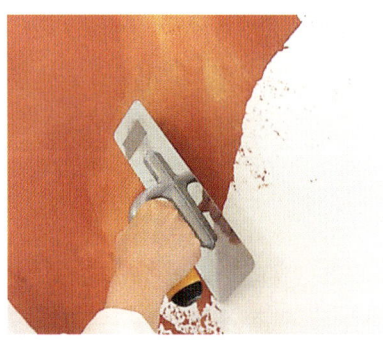

Kreativvariante: Capriccio® „römisch"

Ihre Grundausstattung

Beachten Sie, dass nur noch die Werkzeuge und Arbeitsmittel aufgeführt werden, die für die gezeigte Technik relevant sind. Gängige Hilfsmittel, wie z. B. Abdeckmaterial, werden nicht mehr genannt.

◆ Arbeiten Sie wand-
weise und nicht kreuz
und quer im Raum.

Werkzeug
- ◆ Eimer
- ◆ Rührstab
- ◆ Kauppspachtel
- ◆ Klebeband

Material
- ◆ Lehm-Spachtelputz, fertiges Produkt als Pulver in verschiedenen Farben erhältlich

Untergrund
- ◆ Alle Untergründe müssen tragfähig, staub- und fettfrei, frei von Ausblühungen sowie dauerhaft

trocken sein. Untergründe mit unterschiedlichem Saugverhalten, beispielsweise Trockenbauplatten, Gipsputze, Betonflächen, Vliestapeten, angeschliffene, matte Altputze u. Ä. werden zunächst mit einer Putzgrundierung (z. B. Preludio® von Lesando) vorbehandelt.

Zeitaufwand
- ◆ Sehr zeitaufwendig

Schwierigkeitsgrad
- ◆ Nur für geübte Handwerker geeignet

Mit diesem Lehmspachtelputz können Sie eine effektvolle Oberfläche gestalten. Es ergibt sich ein interessantes Wechselspiel von Form und Farbe, wobei der Individualität keine Grenzen gesetzt sind.

Tipps & Tricks

◆ Legen Sie sich bei der Strukturierung der Oberfläche kein „Muster" zurecht. Arbeiten Sie in kleinen Teilflächen. Versuchen Sie, die Fläche als Ganzes zu sehen und homogen zu strukturieren.

Wand vorbereiten

Bringen Sie, falls nötig, zuvor eine geeignete Putzgrundierung auf die Wandfläche auf (z. B. Preludio® von Lesando). Rühren Sie den Spachtelputz an. Beachten Sie dabei die Quellzeit laut Herstellerangaben.

Ränder abkleben

Kleben Sie die Deckenränder mit breitem Klebeband sorgfältig ab. Halten Sie dabei ein wenig Abstand zur Wand, denn der Lehmputz bildet eine etwa 2 Millimeter dicke Schicht.

Spachtelmasse auftragen

Tragen Sie die erste Lage Putz mit der Kelle auf. Lassen Sie den Putzauftrag antrocknen, bevor Sie damit beginnen, eine zweite Lage aufzutragen.

Struktur einarbeiten

Arbeiten Sie in den noch frischen, zweiten Putzauftrag mit der oberen Kante des Kauppspachtels eine Struktur ein, indem Sie durch rasches Drehen „Wülste" erzeugen und diese stehen lassen.

Übergänge glätten

Fahren Sie abschließend mit der flachen Seite des Spachtels sanft über die Struktur, um die Grate etwas abzumildern.

Glättetechnik (Spachteltechnik)

Mit der Glättetechnik verleihen Sie Ihren Räumen einen besonders edlen Charakter. Marmorglanz, Tiefenlichter und Transparenz lassen die Wand strahlen. Es entsteht eine Leuchtkraft, wie sie sonst nur bei gewachsenen Steinen zu finden ist. Dieses Profil ergibt sich aus handwerklicher Fertigkeit, dem gekonnten Spachteln, Verdichten und Polieren. Eine Besonderheit dieser Technik ist, dass die Oberfläche, wie es auch der Name verrät, sehr glatt erscheint. Dieses Ergebnis erhalten Sie nur, wenn Sie bei der Vorbereitung auf einen einwandfreien Untergrund achten. Auch kleine Unebenheiten bleiben durch die Spachtelmasse sichtbar.

Die Glättetechnik können Sie mit zwei unterschiedlichen Basismaterialien anwenden: mit Dispersion und mineralischen Werkstoffen. Für den Anfänger empfiehlt sich eher die Technik mit Dispersionsmaterial, da es leichter zu verarbeiten ist.

Alle Räume lassen sich mit dieser Technik verschönern. Auch auf Teilflächen ist diese aufwändige, aber effektvolle Gestaltung ein schöner Hingucker. Es sei allerdings an dieser Stelle anzumerken, dass nur der geübte Renovierer mit dieser anspruchsvollen Technik glücklich wird. Die Materialien dazu bieten verschiedene Hersteller an, Sie bekommen sie im Baumarkt oder Fachhandel.

Hinweis

◆ Ein völlig planer, absolut glatter und rissfreier Untergrund ist Voraussetzung für ein erfolgreiches Spachteln. Bereiten Sie den Untergrund sorgfältig nach Herstellerangaben vor.

Ihre Grundausstattung

Werkzeug
◆ Flächenstreicher, oval oder rechteckig
◆ Kauppspachtel
◆ Kleine Gipserkelle
◆ Gipsbecher
◆ Venezianische Glättkelle
◆ Venezianischer Spachtel
◆ Schleifpapier P 120 bis 400, bei großen Flächen Schwingschleifer
◆ Evtl. Poliermaschine mit Polierscheiben (Lammfellhaube oder Polierpad)
◆ Mundschutz

Material
◆ Feinkörniger Streichputz
◆ Kunststoffvergütete Gipsspachtelmasse (Wandglätter)
◆ Fertige Spachtelmasse (z. B. Aglaia Pigmentspachtel von Beeck)

Untergrund
◆ Alle gängigen, verputzten Untergründe in Innenräumen sind für diese Technik geeignet.

Zeitaufwand
◆ Sehr aufwendig

Schwierigkeitsgrad
◆ Schwierig bis sehr schwierig

Hinweis

◆ Für diese Technik benötigen Sie hochwertige Spezialwerkzeuge: den Venezianischen Spachtel (unten links) und die Venezianische Glättkelle (unten rechts).

Wand vorbereiten

Kleben Sie alle angrenzenden Flächen ab. Bringen Sie anschließend mit einer Wandbürste den Haftgrund in Kreuzbewegungen auf die Wand auf. Lassen Sie den Auftrag anschließend trocknen.

Wandspachtelmasse auftragen

Rühren Sie die die Wandspachtelmasse an. Halten Sie sich dabei an die Angaben des Herstellers. Spachteln Sie die Masse anschließend mit dem Kauppspachtel (Federspachtel) auf die Wand. Lassen Sie den Auftrag trocknen.

Wand abschleifen

Bearbeiten Sie die trockene Wand mit Schleifpapier oder mit einem Schleifgerät, bis sie eben ist. Dann stauben Sie die Wand ab. Sollte die Wand noch nicht völlig glatt sein, muss der oben genannte Vorgang wiederholt werden.

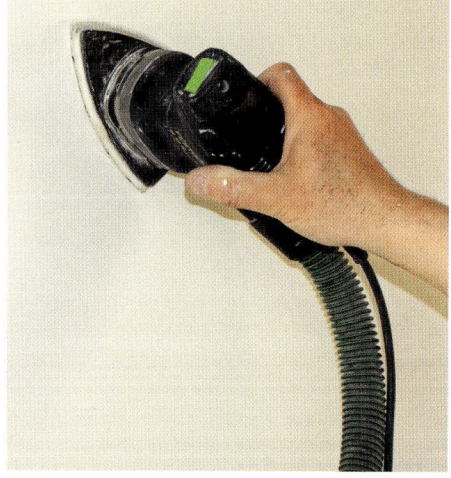

Spachtelfarbe in lockerem Muster verteilen

Rühren Sie zunächst die fertige Glättspachtelmasse gut auf. Mit dem Venezianischen Spachtel bringen Sie dann die Spachtelmasse kreuz und quer in einem fleckenartigen Muster auf die Wand. Verteilen Sie die einzelnen Flecken gleichmäßig, so dass sie sich nicht berühren. Diesen ersten Auftrag lassen Sie ein bis zwei Stunden trocknen. Beachten Sie: Die einzelnen Spachtelflecken müssen dünn aufgetragen werden!

Zweiter Spachtelfarbauftrag

Im zweiten Arbeitsgang werden die bislang freien Stellen mit weiteren Spachtelflecken gefüllt. Tragen Sie die Flecken wieder kreuz und quer auf. Dieses Mal überlappen sich die Farbaufträge.

5

Tipps & Tricks

◆ Wenn Sie eine glänzende Oberfläche wünschen, kann die Wand abschließend mit einer Poliermaschine bearbeiten werden. Poliergeräte für Autolacke leisten dabei gute Dienste.

◆ Eine andere Möglichkeit ist, als Schutz und für das nachträgliche Erzeugen einer Glanzschicht diverse Wachse (Fachhandel) aufzutragen.

Farbauftrag verdichten

Setzen Sie in einem weiteren Arbeitsgang – es können bis zu fünf Gänge werden – immer mehr Spachtelflecken, bis ein dichtes Muster auf der Wand entsteht. Lassen Sie die fertige Wand ca. 2 bis 12 Stunden trocknen (bei Fertig-Pigment-Spachtelmassen beachten Sie bitte die Herstellerangaben).

6

Wand polieren

Nach dem Trocknungsprozess wird die Fläche mit der Venezianischen Traufel poliert. Führen Sie die schräg gestellte Kelle mit geringem, später stärkerem Druck und glätten Sie dabei die Oberfläche der Spachtelung mit der Kellenkante. Wichtig ist, dass der Druck sehr vorsichtig erhöht und die Kelle zwischendurch immer wieder gesäubert wird. Ansonsten könnten angetrocknete Spachtelstückchen die Fläche zerkratzen. Führen Sie den Vorgang so lange durch, bis ein Seidenglanz entsteht.

7

Stuckverzierungen

Hinweise

◆ Sollten Sie Einbauleuchten in Stuckprofile einarbeiten wollen, müssen Sie unbedingt darauf achten, dass sich der Stuck und die Einbauleuchten vertragen. Sonst besteht Brandgefahr!

◆ Überstreichen Sie die Stuckprofile nur mit einer vom Hersteller zugelassenen Farbe.

◆ Aufwendige Stuckprofile sind etwas für den Profi.

Stuckelemente verleihen den Übergängen von der Wand zur Decke ein edles Aussehen. Echter Stuck ist heutzutage sehr teuer. Erschwinglich sind dagegen Stuckelemente aus Styropor oder Kunststoff (Hartschaum), die in Baumärkten angeboten werden. Qualitativ hochwertige Stuckprofile bestehen in der Regel aus Polystyrol oder Polyurethan und sind noch mit einer hochwertigen Oberflächenbeschichtung ausgestattet. Diese bewährten Werkstoffe eignen sich für die unterschiedlichsten Verwendungen und können ohne Weiteres auch farbig gestrichen werden.

Ihre Grundausstattung

Werkzeug
◆ Säge (Fuchsschwanz) für Kunststoffleisten oder
◆ Messer für Styroporleisten
◆ Gehrungslade (für die Ecken)
◆ Schleifpapier
◆ Kartuschenpistole

Material
◆ Styroporleisten oder Kunststoffleisten aus Hartschaum
◆ Passender Spezialkleber
◆ Renovierspachtelmasse oder Acrylfugenmasse aus der Kartusche

Untergrund
◆ Stuckleisten lassen sich auf alle fest haftenden Untergründe aufkleben.

Zeitaufwand
◆ Hoch

Schwierigkeitsgrad
◆ Wegen der Anpassung der Ecken sind Stuckelemente nur geübten Handwerkern und Handwerkerinnen zu empfehlen.

Skizze anlegen und Profil zusägen

Messen Sie die Flächen, an denen das Profil später angebracht werden soll, genau aus. Notieren Sie sich die Maße. Am besten, Sie legen eine Skizze von der Wand an.
Sägen Sie das Profil auf die benötigte Länge ab. Eventuell müssen Teile angestückelt werden.

Kanten abschleifen

Schleifen Sie die Kanten mit Schleifpapier so lange, bis sie glatt sind.

Kleber auftragen

Tragen sie nun über die gesamte Länge des Profils vorsichtig den Klebstoff auf.

Profil anbringen

Montieren Sie das Profil. Entfernen Sie sofort den überschüssigen Kleber an allen Rändern und an den Stößen mit einem Tuch. Wichtig: Achten Sie auf eine mindestens zwei Millimeter breite Kleberfuge an den Verlängerungs- und Gehrungsstößen, denn diese wird nach dem Trocknen des Klebers weiterbearbeitet und geschliffen. Das verhindert, dass sich später offene Fugen abzeichnen.

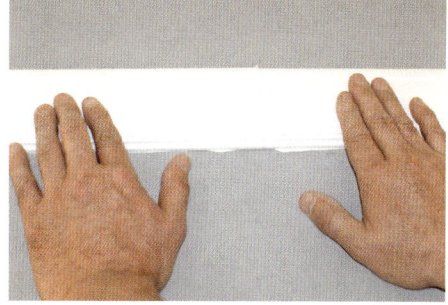

Ränder ausfugen

Wenn alle Profile angebracht sind, werden die Fugen mit Spachtelkleber ausgefugt.

Tipps & Tricks

◆ Wie bei allen Klebearbeiten muss der Untergrund trocken, tragfähig, staubfrei, frei von Fett, Öl und Ruß und saugend sein.

◆ Ziehen Sie vorher mit der Wasserwaage einen Strich, damit die Stuckleisten später gerade an der Wand sitzen.

◆ Manche Profile lassen sich auch mehrfarbig streichen oder mit Kreativtechniken wie der Stupftechnik (siehe Seite 78f.) bearbeiten.

◆ Mit Stuckprofilen lassen sich ebenfalls Spiegel und Bilder umrahmen.

◆ Damit schwerere Profile beim Kleben nicht von der Wand rutschen, kann man sie mit Nägeln fixieren.

◆ Ein solcher Spezialspachtel erleichtert Ihnen das Verfugen der Klebestellen.

Kreativtechniken im Überblick

Hinweis

◆ Egal, für welche Kreativtechnik Sie sich entscheiden, üben Sie vorher auf einer Musterplatte.

Stupftechnik

Relativ einfach zu handhabende Technik, bei der Farbe mit Hilfe eines Schwamms aufgetragen bzw. aufgetupft wird. Das ergibt den charakteristischen Wolkeneneffekt. Ausschlaggebend für die Struktur der Musterung sind Größe und Beschaffenheit des Schwamms.
Die Farbrichtung sollte möglichst durch einen farbigen Grundanstrich vorgegeben sein. Die vorgestrichene Fläche wird bearbeitet, indem mit dem Schwamm gleichmäßig und mit sanftem Druck gestupft wird. Ein besonders schönes Ergebnis ergibt sich, wenn mehrere Farbaufträge Ton in Ton dicht nebeneinanderliegen. Dabei sollten die Helligkeitsunterschiede der einzelnen Farbtöne nicht zu groß sein.
Eine genaue Beschreibung der Technik finden Sie auf Seite 78f.

Lasurtechnik

Bei dieser Technik werden mehrere, transparente Farbschichten übereinander aufgetragen und entfalten auf der Wandfläche ein faszinierendes Wechselspiel zwischen Untergrundfarbe und durchscheinendem Farbauftrag. Lasuren können Räume größer wirken lassen, da die Wand nicht mehr so stark als Raumgrenze erfahren wird. Lasurtechniken gibt es in unterschiedlichen Varianten, der Farbauftrag kann mit dem Flächenstreicher, einer Bürste oder einem speziellen Lasurhandschuh erfolgen. Als Basis dient meist ein weißer oder einfarbig vorgestrichener, fein strukturierter Untergrund. Lasuren wirken besonders lebendig, wenn mehrere Farbnuancen übereinandergelegt werden.
Eine genaue Beschreibung der Technik finden Sie auf Seite 80ff.

Wickeltechnik

Die Wickeltechnik ist eine alte, dekorative und dazu noch einfache Maltechnik, die kein Spezialwerkzeug erfordert. Sie lässt sich gut auf einer weiß oder einfarbig vorgestrichenen Raufasertapete anwenden und kann dank ihrer außerordentlichen Variationsfähigkeit in fast allen Bereichen zum Einsatz kommen.
Wichtigstes Hilfsmittel ist ein Lappen aus fusselfreiem Stoff oder Leder. Größe und Beschaffenheit des Lappens bestimmen das spätere Erscheinungsbild der Oberfläche. Die charakteristische Musterung ergibt sich durch das Abrollen des mit Farbe getränkten Lappens auf der Wand. Es können mehrere Farbaufträge übereinandergelegt werden, sehr harmonisch wirkt auch hier das Arbeiten Ton in Ton. Eine genaue Beschreibung der Technik finden Sie auf Seite 86f.

Schablonieren

Das Schablonieren ist eine Dekorationsmethode mit langer Tradition, die heute wieder im Trend der Zeit liegt. Die Beliebtheit des Schablonierens liegt zum einen darin, dass die Technik leicht anzuwenden ist, zum anderen bietet das große Angebot an unterschiedlichsten Schablonenmustern für jeden Geschmack das passende Motiv.

Ist die geeignete Schablone ausgewählt, wird sie mit Klebeband an der vorgestrichenen Wand befestigt. Mit einem speziellen Schablonierpinsel und sehr wenig Farbe wird nun in die Aussparungen der Schablone Farbe aufgestupft. Bei der Gestaltung einer Bordüre wird die Schablone von der Wand abgelöst und im gewünschten Abstand neu auf der Wand fixiert.

Eine genaue Beschreibung der Technik finden Sie auf Seite 88f.

Hinweis

◆ Denken Sie daran: Ein gutes Ergebnis erzielen Sie nur mit gutem Werkzeug und hochwertigen Materialien.

Spachtelputz

Spachtelputze eigenen sich zur dekorativen Oberflächengestaltung auf ebenen Untergründen. Dabei wird der Spachtelputz mit der Glättkelle auf Wand oder Decke verstrichen. Es kann in einem Farbton gearbeitet werden, möglich ist aber auch, mehrere Farbtöne nebeneinander aufzutragen und im noch nassen Zustand miteinander zu verglätten. Die leicht wolkige Oberflächenstruktur, die sich durch die Spachtelputztechnik ergibt, weist charakteristische Schattierungen auf und strahlt eine harmonische Lebendigkeit aus. Eine weitere, handwerklich anspruchsvolle Variante ist das Einarbeiten von Strukturen in den Putz mithilfe eines Kauppspachtels.

Eine genaue Beschreibung der Technik finden Sie auf Seite 92 ff.

Glättetechnik

Diese handwerklich anspruchsvolle Maltechnik hat einen ganz besonderen Charme und wirkt sehr edel. Die behandelte Oberfläche erscheint – der Name sagt es schon – nach dem abschließenden Polieren glatt wie Marmor. Ein zusätzlicher Reiz entsteht durch die Lichtreflexionen der übereinanderliegenden Spachtelungen. Voraussetzung für das Gelingen dieser Technik ist neben handwerklichem Geschick auch ein Untergrund, der absolut eben, sehr glatt und ohne Riefen ist, also entsprechend vorbehandelt werden muss. Die Glättetechnik erfordert mehrere Arbeitsgänge: Spachteln, Verdichten und Polieren.

Eine genaue Beschreibung der Technik finden Sie auf Seite 97ff

Ideenpool
Ganz besondere Wände

Immer die passende Idee

Im Ideenpool, dem Anwendungsteil des Buches, erwartet Sie eine Vielzahl von Anregungen für Wände mit dem gewissen Etwas. Ob Sie sich an einer freien Wandbemalung versuchen möchten, die Vorzüge des Gestaltens mit selbstklebenden Wand-Stickern ausprobieren oder Stuckelemente verarbeiten möchten – hier finden Sie kreative Ideen für alle Bereiche der Wohnung. Genaue Anleitungen machen es leicht, die vorgestellten Wandgestaltungen nachzuarbeiten, lassen aber auch noch genug Spielraum für eigene Vorstellungen.

Mit praktischen Einkaufshilfen

Zu jeder vorgestellten Wandgestaltung finden Sie eine Liste mit den benötigten Materialien. So sehen Sie auf einen Blick, was alles zum Arbeiten gebraucht wird. Es werden allerdings nur noch Materialien und Werkzeuge genannt, die für die vorgestellte Technik relevant sind. Gängige Hilfsmittel wie beispielsweise Abdeckfolie werden nicht mehr erwähnt.

Tipps & Tricks für gutes Gelingen

Wie bereits im Kapitel „Kreative Wandgestaltung" finden Sie auch im Ideenpool wieder zahlreiche Tipps & Tricks. Das können Kniffe zum einfacheren Nacharbeiten, eine Pannenhilfe oder eine Idee für eine Variation des Gezeigten sein. Oftmals sind auch kleine Detailbilder zur Veranschaulichung beigefügt.

Lasur mit dem Handschuh

Tipps & Tricks

◆ Einen sehr schönen Lasuruntergrund erreicht man, wenn der Streichputz mit einem Flächenstreicher im Kreuzgang aufgebürstet wird.

◆ Sie können den Handschuh auch mit zwei verschiedenen Farben gleichzeitig tränken, damit erzielen Sie ebenfalls interessante Effekte auf der Wand. Eine andere Möglichkeit besteht darin, mit zwei Handschuhen gleichzeitig zu arbeiten.

◆ Interessante und intensive Farbwirkung lassen sich erzeugen, wenn Sie zu zweit, nass in nass und mit unterschiedlichen Lasur-Bunttönen arbeiten. So mischen sich die Farben je nach Trocknungsfortschritt direkt auf der Wand, was eine lebhafte Musterung zur Folge hat.

Werkzeug
◆ Lasur-Handschuh (fertiges Produkt aus dem Baumarkt)

Material
◆ Fertige oder selbst angemischte Lasur

Untergrund
Raufasertapete, Vliestapete, Glasfasertapete. Der optimale Untergrund ist eine verputzte Wand, die zuvor mit feinkörnigem Streichputz gestrichen wurde. Mit den heute üblichen Wandputzen versehene Wände eignen sich nur bedingt für diese Technik, da die Lasur auf der glatten Fläche zu leicht verschmiert.

Zeitaufwand
Wenig

Schwierigkeitsgrad
Leicht

1 Kleben Sie alle angrenzenden Flächen ab. Tragen Sie auf glatten Putz eventuell einen feinkörnigen Haftgrund auf. Streichen Sie den Untergrund zuvor weiß oder einfarbig vor.

2 Feuchten Sie den Handschuh mit Wasser an und nehmen Sie anschließend etwas Farbe damit auf.

3 Beginnen Sie damit, die Farbe in Kreisbewegungen oder kurzen „Streichelbewegungen" auf die Fläche aufzutragen. Fangen Sie an einer Ecke der Fläche an und arbeiten Sie sich diagonal vor, beispielsweise von rechts oben nach links unten.

4 Lassen Sie die Lasur antrocknen.

5 Wiederholen Sie den Vorgang, eventuell mit einer anders eingefärbten Lasur. Dieses Verfahren können Sie mehrmals wiederholen, aber achten Sie darauf, dass Sie vor dem nächsten Auftrag die Farbschicht auf der Wand trocknen lassen.

Lasur mit der Bürste

Tipps & Tricks

◆ Tragen Sie die Farbe nicht zu satt auf, da sich sonst hässliche Farbläufer auf der Wand bilden können.

◆ Wenn Sie eine mehrfarbige Lasur anlegen möchten, beginnen Sie mit der hellsten Farbe. Harmonische Farbkombinationen sind beispielsweise zuerst Gelb, dann Orange oder zuerst mittleres Blau, dann Violett. Für ein mediterranes Flair wählen Sie zuerst Ocker, dann Umbra.

◆ Eine kontrastreiche Wirkung erhalten Sie, wenn Sie den ersten Anstrich in einem helleren Farbton vorstreichen und die anschließende Lasur deutlich dunkler färben.

Werkzeug
◆ Flächenstreicher, oval oder rechteckig

Material
◆ Fertige oder selbst hergestellte Lasur

Untergrund
Raufasertapete, Vliestapete, Glasfasertapete. Der optimale Untergrund ist eine verputzte Wand, die zuvor mit feinkörnigem Streichputz gestrichen wurde. Mit den heute üblichen Wandputzen versehene Wände eignen sich nur bedingt für diese Technik, da die Lasur auf der glatten Fläche leicht verschmieren kann.

Zeitaufwand
Hoch

Schwierigkeitsgrad
Mittel

Die Bürstentechnik wirkt am besten, wenn Sie die Lasur in mehreren Schichten auftragen. Das kostet zwar etwas Zeit, bringt aber im Ergebnis eine deutlich schönere Wirkung.

1 Kleben Sie alle angrenzenden Flächen ab. Tragen Sie auf normal verputzte Wände eventuell einen feinkörnigen Streichputz auf. Streichen Sie den Untergrund zuvor weiß oder einfarbig vor.

2 Mischen Sie das Dispersionsbindemittel oder den Pigmentbinder mit der Vollton-Mischfarbe oder den Farbkonzentraten. Verwenden Sie bei der Arbeit Latexhandschuhe, denn mit Volltonfarbe oder Farbkonzentrat verunreinigte Hände lassen sich nur schlecht reinigen. Natürlich können Sie auch fertige Lasuren verwenden.

3 Nehmen Sie wenig Lasur mit der Bürste auf und bürsten Sie die Lasur mit dem Flächenstreicher kreuz und quer auf die Wand auf. Vermeiden Sie dabei harte Ansätze und verwischen Sie sofort die Übergänge.

4 Lassen Sie die Lasur antrocknen. Wenn Sie möchten, können Sie anschließend neue Farbnuancen mischen und eine weitere Farbschicht über die vorherige auftragen. Wiederholen Sie diesen Vorgang so lange, bis Sie mit dem Ergebnis zufrieden sind. Denken Sie daran, die Lasurschichten zwischen den einzelnen Arbeitsgängen immer wieder gut trocknen zu lassen.

Freie Wandbemalung

Tipps & Tricks

◆ Mit einem Beamer oder Diaprojektor lassen sich Motive an die Wand projizieren und somit leichter übertragen.

Werkzeug
◆ Verschiedene Pinsel
◆ Bleistift
◆ Schaumstoffwalze oder kleine Flor- walze und passende Walzenwanne
◆ Klebeband
◆ Wasserwaage

Material
◆ Vollton-Mischfarben auf Dispersions- basis in verschiedenen Farben

Untergrund
Prinzipiell können alle Untergründe bemalt werden, glattere Oberflächen eignen sich aber besser. Auf groben Oberflächen hält das Abklebematerial schlecht, es besteht die Gefahr, dass die Farbe hinter das Klebeband läuft.

Zeitaufwand
Hoch

Schwierigkeitsgrad
Mittel

Mit eigenen Kreationen die Wand zu verschönern macht viel Spaß und ist einfacher, als Sie denken. Mit der folgenden Schritt- für-Schritt-Anleitung kann nichts schiefgehen.

1 Decken Sie den Boden mit geeignetem Material ab. Die Wand, an der gearbeitet wird, muss frei von Schmutz, Fusseln und Fett sein.

2 Messen Sie die Wand in der Breite ab. Legen Sie die Größe der Quadrate fest, indem Sie die Breite in gleiche Abstände (Teilstre- cken) einteilen. Legen Sie am besten eine Skizze an, um die ideale Verteilung zu ermitteln. Dividieren Sie die Wandhöhe durch die Teil- streckenlänge. Im Idealfall ergibt sich ein geradzahliges Ergebnis, das Ihnen die Anzahl der Farbfelder in der Höhe angibt. Sollte das nicht der Fall sein, teilen Sie entweder die Breite neu auf oder Sie platzieren die nicht ganz quadratischen Felder am unteren Wand- abschluss, dort fallen sie weniger auf. Legen Sie in Ihrer Skizze auch vorab die farbige Aufteilung der einzelnen Flächen fest.

3 Zeichnen Sie die Quadrate mit einem Bleistift und der Hilfe einer Wasserwaage an die Wand.

4 Kleben Sie zunächst die Farbfelder ab, die nicht nebeneinander- liegen und malen Sie diese aus.

5 Lassen Sie die Farbe trocknen und entfernen Sie das Klebeband.

6 Im nächsten Schritt kleben Sie diejenigen Felder ab, die nicht an die zuvor gestrichenen Farbflächen angrenzen und malen diese aus.

7 Nach der Trocknungszeit wiederholen Sie ab Schritt 6 den Vorgang so lange, bis alle Farbfelder ausgefüllt sind.

Wand-Tatoos

Mit diesen trendigen Wand-Accessoires peppen Sie Ihr Heim nicht nur einfach auf, sondern sind auch flexibel in der Gestaltung. Die Wandaufkleber lassen sich nämlich, sollten Sie sich an ihnen satt gesehen haben, leicht wieder ablösen. Wand-Tatoos sind mittlerweile in vielerlei Gestalt, als Ornamente und Motive, als Zitate oder Sprüche erhältlich. Der Vorteil gegenüber einer herkömmlichen Wandbemalung liegt darin, dass die Motive detaillierter und filigraner gestaltet werden können, ohne dass Sie eine aufwändige Wandgestaltung vornehmen müssen. Angebote für fertige Wand-Tatoos gibt es viele auf dem Markt. Sie können Ihrem Heim aber auch eine ganz persönliche Note verleihen und ein eigenes Motiv herstellen, es ist nicht schwierig.

1 Übertragen Sie das gewünschte Motiv mit Filzstift auf die Rückseite der selbstklebenden Folie, indem Sie es durchpausen oder aufzeichnen. Beachten Sie, dass das Motiv spiegelverkehrt an der Wand erscheint.

2 Schneiden Sie das Motiv mit dem Cutter oder einer scharfen Schere aus. Aussparungen im Motiv schneiden Sie ebenfalls mit dem Cutter aus.

3 Lösen Sie das Motiv vorsichtig von der Trägerfolie ab und kleben Sie es Stück für Stück von oben nach unten auf die Wand auf. Drücken Sie es mit einem sauberen Lappen nochmals fest.

Werkzeug
- scharfes Klingenmesser (Cutter)
- Karton
- Lineal
- Klebeband
- Evtl. Stanzmesser und Hammer
- Schneideunterlage
- Permanent-Filzschreiber
- scharfe Schere
- sauberer Lappen

Material
- Selbstklebende Folie nach Motivgröße

Untergrund
Zum Aufkleben von Tatoos eignen sich alle glatten Untergründe. Die Wand muss frei von Schmutz, Fusseln und Fett sein.

Zeitaufwand
Wenig bis viel, je nach Motiv.

Schwierigkeitsgrad
Leicht bis schwierig, je nach Motiv

Tipps & Tricks
- Auch andere Materialien, z. B. Filz oder Lederreste können in Form eines Motivs an die Wand geklebt werden. Verwenden Sie je nach Material geeignete Kleber aus dem Baumarkt.

Stempel-Technik

Tipps & Tricks

◆ Sollte Ihnen eine Tapezier- oder Malerarbeit punktuell nicht so gut gelungen sein, lassen sich mit Motivstempeln solche Patzer elegant vertuschen.

◆ Die Handhabung der Stempel ist so einfach, dass auch Kinder damit zur Ausschmückung ihres Zimmers beitragen können.

◆ Alternativ zum Schwammstempel können Sie auch Stempel aus Moosgummi verwenden. Fertige Stempel erhalten Sie in Geschäften für Bastelbedarf, Sie können aber auch selbst Motive aus Moosgummiplatten schneiden und zum Drucken auf eine stabile Unterlage, etwa Pappe oder Styropor, aufkleben.

◆ Es empfiehlt sich, vor dem Stempeln auf Karton oder einem alten Tapetenrest einen Probedruck vorzunehmen.

Werkzeug
◆ Haushaltsschwamm, alternativ 3 bis 5 cm starke Schaumstoffplatte, Größe nach Art des Motivs
◆ Farbeimerdeckel oder Malerpalette
◆ Schere
◆ Cutter
◆ Unterlage für Cutter zum Schneiden
◆ Karton

Material
◆ Dispersionsfarbe
◆ Vollton-Mischfarben
◆ evtl. Abtönfarbkonzentrate

Untergrund
Raufasertapete, Vliestapete, Glasfasertapete, herkömmlich verputze Wände, Tapeten mit und ohne Muster.

Zeitaufwand
Gering bis mittel, je nach Motiv und Umfang

Schwierigkeitsgrad
Leicht

Schwammstempel sind Dekor-Elemente, die dafür gedacht sind, eine bereits fertig renovierte Wand zu ergänzen. Sie sind nicht für die gesamte Wandbearbeitung geeignet.
Als Stempelmedium lassen sich außer Schwämmen auch andere Materialien wie Moosgummi oder Kork verwenden, aber auch Körperteile wie Hände oder Füße. Bei der Motivwahl wirkt alles, was als typische Kontur noch zu erkennen ist.

1 Streichen Sie die Wandfläche weiß oder in dem gewünschten Farbton.

2 Schneiden Sie mit der Schere aus dem Stempelmaterial figürliche Motive aus. Kleben Sie das Motiv zur besseren Handhabung auf einen festen Untergrund. Das kann fester Karton, eine passende Holzplatte oder ein Styroporstück sein.

3 Feuchten Sie den Schwamm an. Achtung, der Schwamm sollte nicht zu nass sein!

4 Tragen Sie etwas Farbe auf den Eimerdeckel oder eine Holzplatte auf und nehmen Sie mit dem Schwamm Farbe auf.

5 Fertigen Sie zunächst einen Probedruck an. Wenn sie mit dem Probestempel zufrieden sind, bearbeiten Sie die Wandfläche an den vorgesehenen Stellen. Achten Sie darauf, vorsichtig und mit leichtem Druck vorzugehen.

6 Nehmen Sie zwischendurch immer wieder Farbe mit dem Stempel auf.

Paustechnik

Ist Ihnen das auch schon einmal passiert? Beim Frühstück schwappte der Kaffee über den Tassenrand direkt auf die Tageszeitung. Und weil Ihnen die Zeit fehlte, das Malheur sofort zu beseitigen, färbte die Druckerschwärze auf den Küchentisch ab. Auf Möbeln sind derartige Abdrücke eher ärgerlich. An der Wand können sie aber, mit der richtigen Motivwahl, eine tolle Wirkung ergeben. Mit der Paustechnik lassen sich auch untapezierte Wände schnell und kreativ verschönern.

1 Die Wand muss sehr glatt sein. Rühren Sie dafür Gipsspachtelmasse nach den Herstellerangaben an und bearbeiten Sie damit die Fläche.

2 Nach dem Trocknen wird der Spachtelauftrag mit feinem Schleifpapier eben geschliffen. Sollten noch Löcher oder Unebenheiten zu sehen sein, wiederholen Sie die ersten beiden Schritte so lange, bis die Wand gleichmäßig glatt ist.

3 Kopieren Sie das gewünschte Motiv auf normales Papier (es sollte nicht schwerer als 80 Gramm sein). Als Mustervorlagen für die Kopien können Ihnen Fotos, Noten, Notenblätter, schöne Schriftzüge oder Gedichte dienen. Sie können auch Motive oder Schriftzüge einscannen und spiegelverkehrt ausdrucken.
Wichtig: Nicht jede Druckerschwärze lässt sich mit Universalverdünnung wieder anlösen. Vorher testen!

4 Legen Sie die Kopien oder Ausdrucke so auf die Wand, dass die Vorderseite des Papiers auf der Fläche aufliegt. Am besten befestigen Sie die Bögen mit Klebeband.

5 Nun wird die „Rückseite", also die nicht bedruckte Seite der Kopien mit Verdünnung eingestrichen. Achten Sie darauf, das Blatt gleichmäßig mit der Verdünnung zu durchtränken. Sie können auch mit einem Lappen arbeiten. Das Blatt paust nun das Bild bzw. den Text an die Wand.

6 Sobald die Druckerschwärze auf der Wand sichtbar ist, ziehen Sie die Kopie vorsichtig ab.

7 Nach dem Trocknen des Motivs wird es dünn mit Spachtelmasse überspachtelt und in trockenem Zustand so angeschliffen (Achtung: vorsichtig arbeiten!), dass ein mehr oder weniger transparentes Erscheinungsbild des Motivs entsteht.
Wenn man den Vorgang wiederholt, ergibt sich eine Tiefenwirkung. Gehen Sie dabei immer in dieser Reihenfolge vor: Motiv durchpausen – trocknen – lokal schleifen – teilweise spachteln – pausen – trocknen – lokal schleifen usw.

Werkzeug
- Glättkelle oder evtl. Venezianische Kelle (siehe auch S. 97)
- Flachpinsel
- feines Schleifpapier
- Kauppspachtel (siehe Kapitel „Vorbereitung")
- Lappen
- Klebeband

Material
- Gipsspachtelmasse zum Glätten der Wand
- Universalverdünnung
- Drucker, evtl. einen Scanner und passendes Papier
- Zeitung oder andere Druckvorlage

Untergrund
Herkömmlich verputzte, glatte Wände.

Zeitaufwand
Höher, wegen der Vorbereitung eines glatten Untergrundes

Schwierigkeitsgrad
Leicht bis mittel

Tipps & Tricks

- Denken Sie daran, dass beim Durchpausen das Motiv immer spiegelverkehrt erscheint. Kommt es Ihnen auf seitenrichtigen Druck an, benötigen Sie eine gespiegelte Vorlage.

- Gehen Sie zu Beginn sparsam mit der Verdünnung um, das Motiv könnte bei zu starkem Auftrag verschmieren und später unsauber wirken.

- Besondere Effekte und ein zartes Durchscheinen des Pausmotives erhält man, wenn die Spachtelmasse aus Marmormehl gefertigt ist.

- Versuchen Sie die Technik auch mit farbigen Vorlagen. Aber auch das sollten Sie zuerst testen, beispielsweise auf einem Stück Karton.

Hinweis

- Sollte die Universalverdünnung die Druckerschwärze nicht anlösen, versuchen Sie es mit Terpentinersatz oder Nitroverdünnung.

Glättetechnik

Mit der Glättetechnik behandelte Wände leben von dem faszinierenden Wechselspiel zwischen Lichtreflexionen der übereinanderliegenden Spachtelungen und Spiegelungen an der Oberfläche. So edel diese Wandgestaltung auch ist, erfordert sie doch einiges handwerkliches Geschick.

1 Kleben Sie alle angrenzenden Flächen ab. Tragen Sie den Haftgrund mittels eines Flächenstreichers in Kreuzbewegungen auf die Wand auf. Trocknen lassen.

2 Rühren Sie die Wandspachtelmasse an, bzw. auf und spachteln Sie sie mit dem Kauppspachtel auf die Wand. Nach dem Trocknen schleifen Sie den Auftrag mit Schleifpapier (von der gröberen zur feinen Körnung übergehen) oder einem Schleifgerät eben. Anschließend stauben Sie die Wand ab. Sollte die Wand noch nicht völlig glatt sein, muss der oben genannte Vorgang wiederholt werden.

3 Rühren Sie die fertige Pigmentspachtelmasse auf. Mit dem Venezianischen Spachtel wird die Spachtelmasse nun kreuz und quer fleckenartig auf die Wand gebracht. Verteilen Sie die einzelnen Flecken gleichmäßig auf der Wand, sodass sie sich vorerst nicht berühren. Diesen ersten Auftrag ein bis zwei Stunden trocknen lassen.

4 Füllen Sie im nächsten Schritt die bislang leeren Stellen an der Wand mit weiteren Spachtelflecken, die Sie wieder kreuz und quer auftragen. Dieses Mal sollen sich die Flecken überlappen.

5 Setzen Sie immer mehr Spachtelflecken, bis ein dichtes Muster auf der Wand entsteht. Lassen Sie die fertige Wand ca. 2 bis 12 Stunden antrocknen (bei Fertig-Pigment-Spachtelmassen Herstellerangaben beachten).

6 Abschließend wird die Fläche mit der Venezianischen Traufel poliert. Führen Sie die schräg gestellte Kelle mit geringem, später stärkerem Druck und glätten Sie dabei die Oberfläche der Spachtelung mit der Kellenkante. Wichtig ist, dass der Druck sehr vorsichtig erhöht und die Kelle zwischendurch immer wieder gesäubert wird. Das Ganze so lange durchführen, bis ein Seidenglanz entsteht.

Werkzeug
- Flächenstreicher, oval oder rechteckig
- Kauppspachtel
- kleine Gipserkelle
- Gipsbecher
- Venezianische Glättkelle
- Venezianischer Spachtel
- Schleifpapier P 120 - 400, bei großen Flächen Schwingschleifer
- evtl. Poliermaschine mit Polierscheiben (Lammfellhaube oder Polierpad)
- Mundschutz

Material
- Haftgrund
- Grundspachtelmasse (Wandglätter)
- Fertige Pigmentspachtelmasse

Untergrund
Die meisten in der Praxis vorkommenden, **verputzten** Untergründe in Innenräumen können für diese Technik verwendet werden.

Zeitaufwand
Sehr aufwendig

Schwierigkeitsgrad
Schwierig bis sehr schwierig

Hinweise

- Ein völlig planer, absolut glatter und rissfreier Untergrund ist unabdingbare Voraussetzung, damit die Glättetechnik gelingt.

- Wichtig: Die einzelnen Spachtelflecken müssen dünn aufgetragen werden!

Tipps & Tricks

- Säubern Sie während des Poliervorgangs immer wieder die Kellenkante, sonst kann es passieren, dass angetrocknete Spachtelstückchen die Fläche zerkratzen. Wer eine glänzende Oberfläche wünscht, kann die Wand mit einer Poliermaschine bearbeiten.

Stuck

Tipps & Tricks

◆ Damit Sie beim Anbringen der Zierleisten saubere Anschlüsse bekommen, werden die Außenkanten vor dem Aufkleben der Elemente mit Renovierspachtelmasse bestrichen. Nach dem Trocknen lässt sich diese Spachtelmasse eben schleifen. Alternativ können Sie auch Acrylfugenmaterial verwenden. Dieses müssen Sie aber noch im weichen Zustand glatt streichen.

◆ Für Fortgeschrittene: In speziell dafür vorgesehenen Stuckelemente lassen sich Licht-Spots einbauen.

Werkzeug
◆ Säge (Fuchsschwanz) für Kunststoffleisten oder
◆ Messer für Styroporleisten
◆ Gehrungslade (für die Ecken)
◆ Schleifpapier
◆ Kartuschenpistole

Material
◆ Styroporleisten oder Kunststoffleisten aus Hartschaum
◆ Passender Spezialkleber
◆ Renovierspachtelmasse oder Acrylfugenmasse aus der Kartusche

Untergrund
Stuckleisten lassen sich auf alle fest haftenden Untergründe aufkleben.

Zeitaufwand
Hoch

Schwierigkeitsgrad
Wegen der Anpassung der Ecken sind Stuckelemente nur etwas für geübte Handwerker.

Mit dekorativen Zierleisten lassen sich nicht nur die Übergänge zwischen den Wänden und Decken verzieren. Mit Stuckelementen können Sie ebenso plastische Akzente an Wänden und Möbeln setzen. Stuck sollten Sie vorsichtig einsetzen. In kleinen und niedrigen Räumen können diese plastischen Elemente schnell „erdrücken" oder den Raum überladen wirken lassen.

1 Bemessen Sie den Materialbedarf und kaufen Sie entsprechend ein. Der Untergrund muss fett- und staubfrei sein.

2 Messen Sie die Länge der Wände ab und übertragen Sie das Maß auf die Stuckelemente.

3 Sägen Sie anschließend die Leisten zu und passen Sie sie ein.

4 Da Schnittkanten gerne unschöne „Fransen" bilden, sollten Sie diese vorsichtig anschleifen.

5 Bringen Sie den Spezialkleber auf der Rückseite der Leisten auf und kleben Sie die Elemente an die dafür vorgesehenen Wände, beziehungsweise an die Decke. Beachten Sie dazu auch die Herstellerangaben.

Bordüren:
„Tapete-auf-Tapete"-Technik

Tipps & Tricks

◆ Es ergeben sich verblüffende Effekte, wenn Fenster oder Türen mit Bordüren umrahmt oder Kamine und Dachschrägen betont werden.

◆ Zeichnen Sie die Markierung für die Bordüre etwa einen Zentimeter schmäler auf. Die Bordüre wird später über den Bleistiftstrich geklebt.

Werkzeug
(siehe auch Kapitel „Tapezieren")
◆ Cutter
◆ Kleisterpinsel
◆ Eimer
◆ Wasserwaage
◆ Tapetenwischer (Tapetenbürste)
◆ Lappen, um Kleisterflecken wegzuwischen
◆ Tapeziertisch oder sonstige Auflage
◆ Tapezierspachtel

Material
◆ Tapetenbordüren (Papier- oder Vliesmaterial)

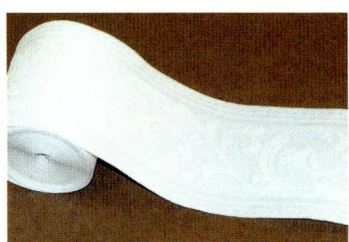

◆ Passenden Tapetenkleister oder Bordürenkleber (Vlies)

Untergrund
Alle tapezierfähigen Untergründe. Eventuell Tapeten.

Zeitaufwand
Gering

Schwierigkeitsgrad
Leicht

Bordüren sind ein beliebtes Gestaltungselement. Mit den Dekorstreifen lassen sich Fenster, Türen und Wände betonen, indem verschiedene Flächen oder Tapeten voneinander abgehoben oder Übergänge zwischen Farben, Materialien und Mustern geschaffen werden. Mit Bordüren können Sie eine Wand zur Decke hin abschließen; sie können aber ebenso gut als Sockel fungieren. Zu vielen Tapeten werden farblich passende, mit Mustern und Ornamenten bedruckte Bordüren angeboten. Sie sind im Handel rollenweise und aus verschiedenen Materialien bestehend erhältlich, angefangen von der einfachen Papierqualität bis hin zur selbstklebenden Bordüre.

Wollen Sie sich sowenig Arbeit wie möglich machen, können Sie die Tapetenstreifen einfach auf den bestehenden Untergrund kleben. Das funktioniert aber nur auf sehr glatten Tapeten oder Untergründen.

1 Für die einfache „Tapete-auf-Tapete"-Technik wird die Wand zuvor tapeziert. Hinweise und Tipps, wie Sie dabei vorgehen müssen, finden Sie in Kapitel 2, Tapezieren, Seite 24ff.

2 Nachdem Sie den Tapetenkleister angerührt haben, messen Sie die Bordüre aus und schneiden sie passend zu. Achten Sie darauf, den Streifen mit einer Zugabe von 5 cm zu bemessen, um saubere Abschlüsse gestalten zu können.

3 Loten Sie die entsprechende Wandplatzierung für die Bordüre mit der Wasserwaage aus und markieren Sie sie mit einem Bleistift.

4 Kleistern Sie die Bordüre ein, falten Sie sie wie eine Tapete zusammen und lassen Sie den Streifen einweichen. Bei sehr langen Streifen legen Sie die Bordüre wie eine Ziehharmonika zusammen.

5 Nach ausreichender Weichzeit – beachten Sie dazu bitte die Herstellerangaben – kleben Sie die Bordüre über Ihre Markierungen auf den Untergrund und streichen sie mit dem Tapetenwischer oder der Tapetenbürste faltenfrei glatt. Wenn Sie fertigen Bordürenkleber verwenden, handhaben Sie ihn wie in der Herstellerangabe beschrieben.

6 Herausquellenden Kleister aus den Bordürenrändern wischen Sie sofort mit einem Lappen ab.

7 Verfahren Sie mit der anschließenden Bordüre wie oben und kleben Sie sie dann Stoß auf Stoß aneinander.

8 Lassen Sie die Bordüre in den Ecken ein paar Zentimeter überstehen und trennen Sie den Tapetenstreifen mittels eines Tapetenspachtels und eines Cutters sauber ab.

Bordüren: Eingearbeitete Tapeten-Bordüren

Hinweis

◆ Diese Technik eignet sich nicht für grobe Raufasertapeten.

Tipps & Tricks

◆ Sollten Sie noch Restbestände an Tapeten haben, können Sie selbst pfiffige Tapetenbordüren herstellen. Schneiden Sie einfach Bänder aus, am besten in Kontrastfarben zum bestehenden Wandbelag.

Werkzeug
(siehe auch Kapitel „Tapezieren")
◆ Cutter
◆ Kleisterpinsel
◆ Eimer
◆ Wasserwaage
◆ Tapetenwischer (Tapetenbürste)
◆ Lappen, um Kleisterflecken wegzuwischen
◆ Tapeziertisch oder sonstige Auflage
◆ Tapezierspachtel

Material
◆ Tapetenbordüren (Papier- oder Vliesmaterial)
◆ Passender Tapetenkleister oder Bordürenkleber (Vlies)
◆ Evtl. Schneidelineal

Untergrund
Alle tapezierfähigen Untergründe. Eventuell Tapeten.

Zeitaufwand
Hoch

Schwierigkeitsgrad
Schwierig

Bei der Technik des Einarbeitens werden die Tapetenstreifen während des Tapezierens zwischen die Bahnen integriert. Das erfordert zwar einiges Tapeziergeschick, dafür werden Sie auch mit einem schönen Ergebnis belohnt.

1 Tapezieren Sie die Wand. Hinweise und Tipps, wie Sie dabei vorgehen müssen, finden Sie in Kapitel 2, Tapezieren, Seite 24ff.

2 Zeichnen Sie, noch während die Tapete nass ist, die Bordürenbreite mit einer Hilfslinie auf.

3 Setzen Sie das Schneidelineal unterhalb der Hilfslinie an und trennen Sie die Bordürenbreite mittels eines Cutters aus der Tapete heraus.

4 Messen Sie die Bordüre aus und schneiden Sie sie passend zu. Achten Sie darauf, den Streifen mit einer Zugabe von 5 Zentimeter zu bemessen, damit Ihnen ein sauberer Abschluss gelingt.

5 Kleistern Sie die Bordüre ein, falten Sie sie wie eine Tapete zusammen und lassen Sie den Streifen einweichen. Bei sehr langen Streifen legen Sie die Bordüre wie eine Ziehharmonika zusammen.

6 Nach der nötigen Einweichzeit tapezieren Sie die Bordüre in die Tapetenaussparung auf die Wand.

Vorlagen

Tipps & Tricks

◆ Manche Drucker drucken auch auf Folie. Von einer Folie lassen sich die Motive leichter auf das Schablonenmaterial übertragen.

◆ Achtung, die Farben können ineinander laufen. Immer angrenzende Flächen trocknen lassen, bevor die nächste Fläche ausgemalt wird.

◆ Auf einem rauen Untergrund wie z. B. Raufaser lassen sich Motive nicht so gut aufmalen.

◆ Sie können auch Kreide zum Vorzeichnen verwenden, sie lässt sich mit einem Abstauber meist leicht wieder entfernen.

Werkzeug
◆ Cutter, sehr scharf
◆ Karton oder dicke Kunststofffolie
◆ Lineal
◆ Klebeband
◆ evtl. Stanzeisen für Löcher und Hammer
◆ Schneideunterlage (z. B. altes Küchenbrett oder Karton)
◆ Stift (evtl. wasserfester Folienschreiber)

Übertragen Sie das gewünschte Motiv auf den Karton oder die Kunststofffolie, indem Sie es entweder aufzeichnen oder durchpausen. Schneiden Sie das Motiv anschließend mit dem Cutter aus.

Um das Motiv auf die Wand zu übertragen, haben Sie zwei Möglichkeiten: Sie kopieren die einzelnen Quadrate und pausen diese mithilfe von Pauspapier auf die Wand. Anschließend malen Sie die Motive in entsprechenden Farben aus.
Die andere Möglichkeit besteht darin, die Quadrate an die Wand zu zeichnen und das Motiv freihand zu übertragen. Anschließend werden die Motive ausgemalt.

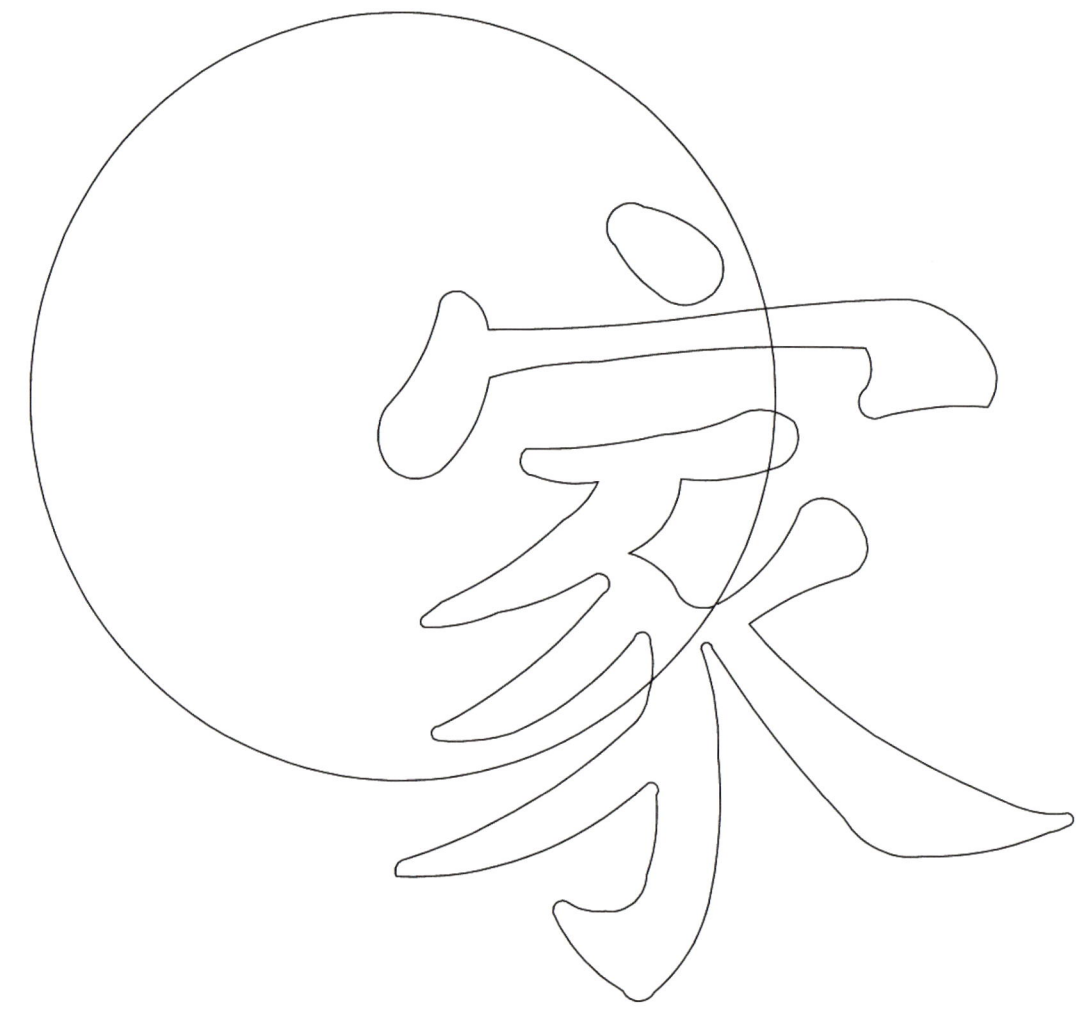

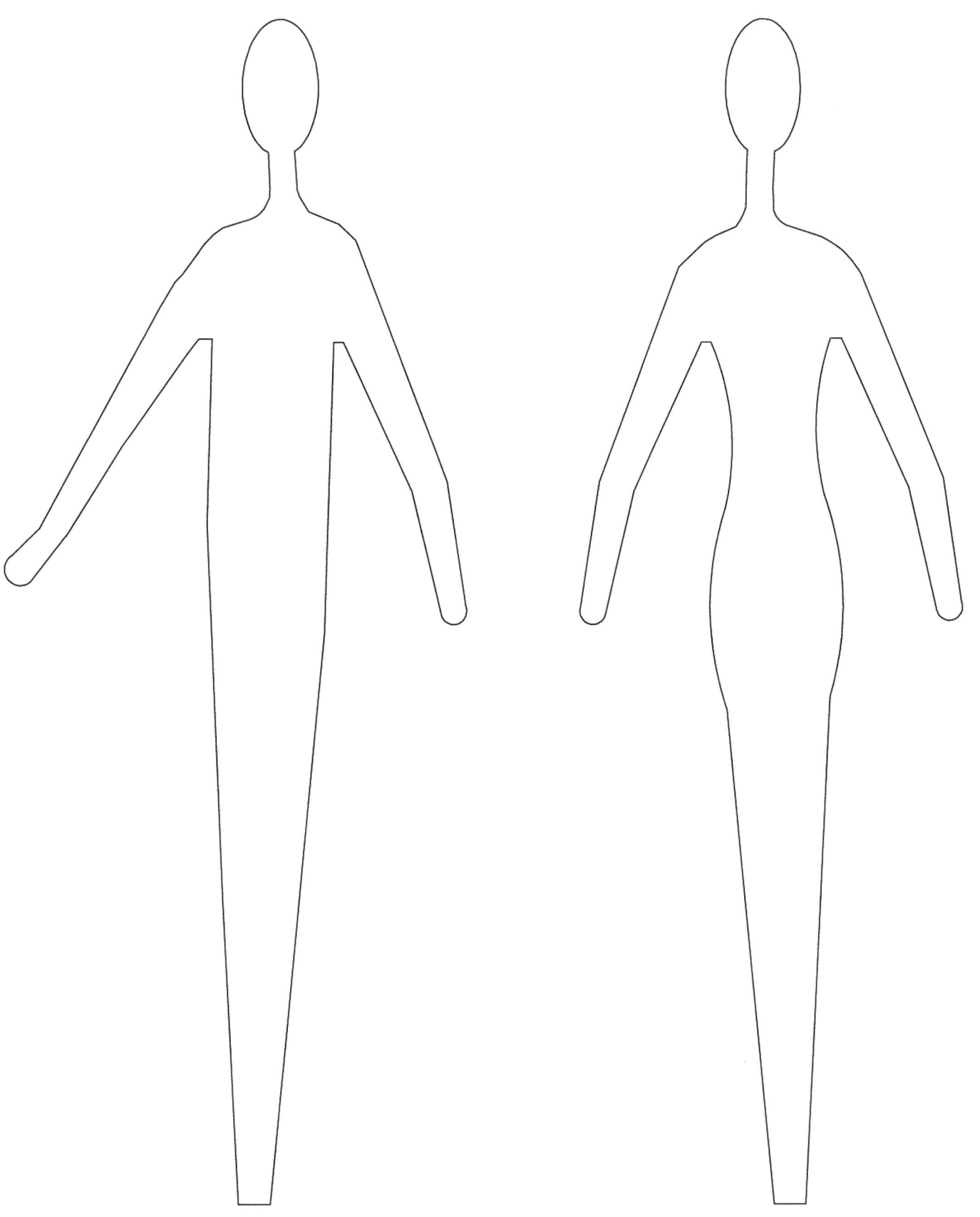

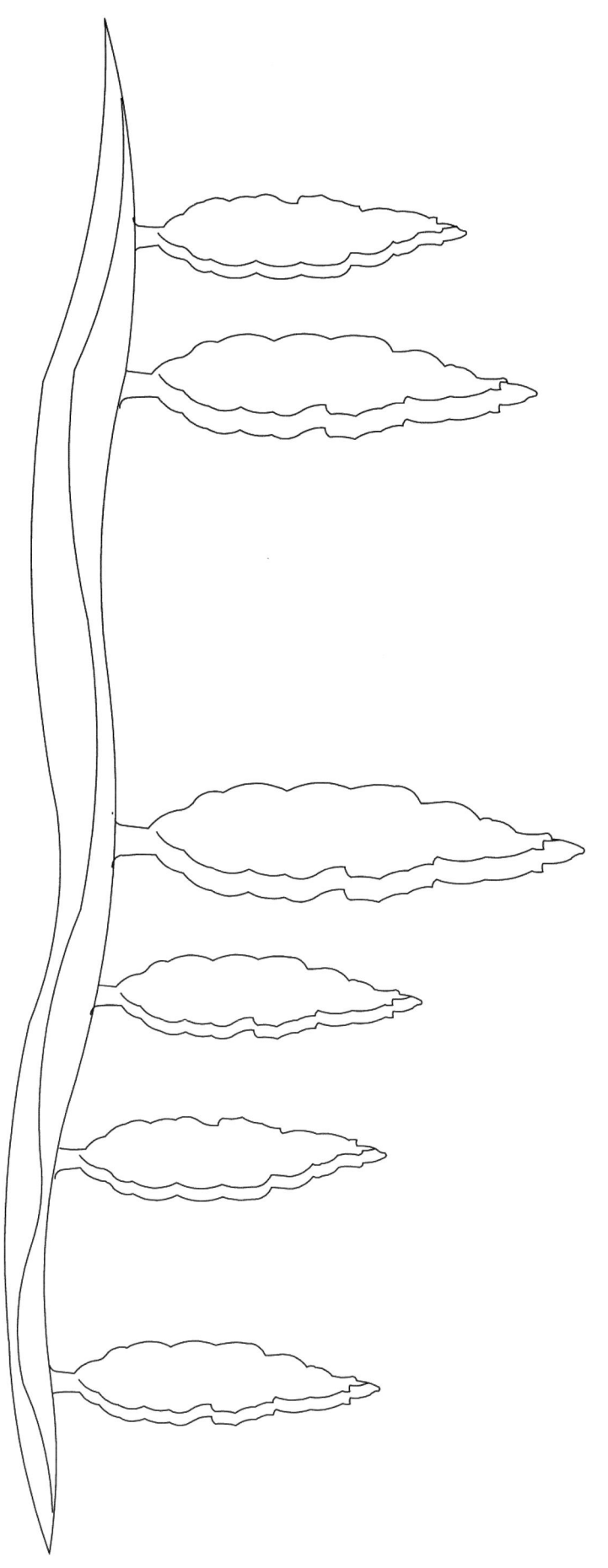

Absperren

Tiefsitzende, hartnäckige Flecken, z. B. Teer-, Ruß-, Wasser- oder Ölflecken, müssen so behandelt werden, dass sie nicht wieder unter dem neuen Wandbelag durchscheinen. Um dies zu verhindern, gibt es spezielle Absperrfarbe, mit der man die Flecken überstreicht und somit absperrt.

Abtönkonzentrat

Hoch pigmentiertes, flüssiges Konzentrat ohne Bindemittel zum Mischen individueller Farbtöne.

Acrylfarbe

Wasserverdünnbare Lacke.

Alkydharzfarbe

Lösemittelhaltige Lacke.

Ausblühung

Weißliche Schicht (Salzablagerungen), die manchmal auf Mauerwerksflächen auftritt; wird durch Feuchtigkeit an die Oberfläche transportiert.

Bindemittel

1. Inhaltstoff in der Farbe, der die Pigmentpartikel zu einem gleichmäßigen, kontinuierlichen Film „bindet" und bewirkt, dass die Farbe auf der Oberfläche haftet. Art und Menge des Bindemittels sind entscheidend für viele Leistungsmerkmale der Farbe wie Abwaschbarkeit, Zähigkeit, Haftvermögen, Farberhaltung und Witterungsbeständigkeit.
2. Bei Dichtungsmassen eine Komponente, die die Pigmentpartikel zu einer homogenen Masse „bindet" und bewirkt, dass die Masse auf der Oberfläche haftet.

Buntpigmente

Farbige, sehr feine, lösliche Farbpartikel.

Deckfarbe

Sehr stark deckende Farbe.

Dimensionsstabilität

Fähigkeit eines Materials, seine Form und Gestalt auch unter wechselnden Bedingungen nicht oder nur unwesentlich zu verändern. Dimensionsstabile Tapeten verändern ihre Form und Größe auch nach dem Einstreichen mit Kleister nicht.

Dispersionsbinder

Kunststoffpolymer mit Wasser zum „Verkleben" von Farbpigmenten.

Dispersionsfarbe

Als Dispersionsfarben bezeichnet man zähflüssige Anstriche, die aus einer chemischen Dispersion (meistens einer Emulsion) aus Binde- und Lösungsmitteln, Farbmitteln (meistens Pigmenten) und Zusatzstoffen bestehen. In diesem allgemeinen Sinn handelt es sich bei der Mehrzahl der flüssigen Anstriche (Lacke, Farben, usw.) um Dispersionen. Umgangssprachlich ist damit meistens jene weiße Wandfarbe in ovalen 10-Liter-Eimern gemeint, wie sie palettenweise in jedem Baumarkt stehen. Dabei handelt es sich genau genommen um Kunstharzdispersionsanstriche.

Durchbluten

Verfärbungen, die auf dem Putz oder Gipskartonplatten Flecken bilden, verursacht z. B. durch Teer, Bitumen, Lignin (Holzinhaltstoff), Rauch, Ruß, Farbstifte oder Wasser.

Erbslochwalze

Schaumstoffwalze mit regelmäßig angeordeten Löchern zum Strukturieren von Dekorputzen.

Feinspachtel

Besonders feine Spachtelmasse für Glätt- und Füllarbeiten, meist im Innenbereich.

Florhöhe bei Walze

Höhe des Plüschbezuges von Walzen.

Füllstoff

Ein preisgünstiges Pigment mit niedrigem Deckvermögen, das die Eigenschaften der hochdeckenden und farbigen Pigmente erweitert, der Farbe Masse verleiht und viele Eigenschaften positiv oder negativ beeinflussen kann. Einige gebräuchliche Füllstoffe sind Ton, Calciumcarbonat, Kieselerde und Kreide.

Gehrungslade

Spezielles Werkzeug, um Leisten, Rahmen oder Profile auf Gehrung zu sägen. Führungsschlitze ermöglichen ein genaues Sägen von 45- und 90-Grad-Winkeln.

Gips

Natürliches, kristallines Calciumsulfat. Wird u. a. zur Herstellung von Gipswandplatten, Gipsputz und Stuckgips verwendet.

Gipshaftputz

Gips und Zusätze zur besseren Verarbeitung und Haftung.

Isolieren

Hier: Flecken, die von durchblutenden Stoffen verursacht wurden, durch geeignete Maßnahme, z. B. spezielle Anstriche, abdichten.

Kreuzgang

Meist mit dem Pinsel oder Flächenstreicher ausgeführtes Auftrageverfahren. Dabei wird das Werkzeug kreuz und quer über die Oberfläche geführt oder große Achten damit beschrieben.

Kunstharzlack

Meist lösemittelhaltiger Lack.

Lasur

Transparenter Farbüberzug.

Latexfarbe

Echte, klassische Latexfarben sind Anstriche, die als Bindemittel natürliches Latex (den Milchsaft des Kautschukbaumes bzw. eine Emulsion aus Kautschuk und Wasser) verwenden. Dadurch erhält die Farbe spezielle Eigenschaften wie Wasserbeständigkeit, Wasserdampfundurchlässigkeit, Strapazierfähigkeit und Glanz, ist aber auch sehr kostspielig. Echte Latexfarben sind mittlerweile praktisch vom Markt verschwunden.

Moderne Latexfarben sind im Grunde gewöhnliche Dispersionsfarben, die lediglich auf spezielle Eigenschaften hin eingestellt wurden. Sie verwenden als Bindemittel ein Kunstharz.

Läufer
Sichtbare Ablaufspuren von Farben oder Lacken.

Maserierer
Modellierwerkzeug, meist aus hartem Gummi, mit dem man Holzmaserungen auf Oberflächen imitieren kann.

Mehrschlagschablone
Schablone für mehrfarbige Motive.

Mineralfarben
Mineralfarben, auch Silikatfarben, Wasserglasfarben (nach dem verwendeten Bindemittel) oder Keimfarben (nach dem Erfinder) genannt, sind Anstrichmittel, die als Bindemittel Kaliwasserglas verwenden. Vorsicht bei der Verarbeitung, die Farben ätzen Glas, Keramik und Holz.

Nass in nass
Eine Beschichtungstechnik, bei der in die noch feuchte Farbe hineingearbeitet wird. So werden Ansatzspuren verhindert.

Neuputzkleister
Spezialkleister, der auch bei Neuputzen sehr gut als Wandkleber funktioniert. Man kann ihn auch als „Univeralkleister" bezeichnen.

Rapport
Fortlaufendes Musterbild, beispielsweise auf Tapeten, bis zu dessen Wiederholung. Das Tapezieren von Tapeten mit Musterrapport erfordert genaues Arbeiten und große Sorgfalt.

Rostschutzmittel oder -farbe
Beschichtugsstoff, der ein weiteres Rosten des Untergrundes verhindern soll.

Schimmelflecken
Meist dunkle oder schwarze Flecken, die durch Schimmelsporen/Mikroben entstehen.

Schleifpapier P100
P100 bezeichnet die Rauigkeit des Schleifpapiers, P30 = sehr rau, P400 = sehr fein.

Speckkanten
Stellen, an denen sich während des Streichvorgangs zu viel Farbe sammelt (z. B. an Fensterlaibungen). Solche Stellen sollten immer sofort ausgestrichen werden.

Strukturpasten
Malzusätze aus dem Künstlerbedarf. Können der Wandfarbe beigemischt werden und sorgen für strukturierte Gestaltungen und besondere Oberflächeneffekte (Reliefeffekt).

Venezianische Kelle
Spezialkelle für die Glättetechnik. Mit dieser Kelle gibt es keinen Metallabrieb auf dem Untergrund.

Verdünnungsmittel
Leichtflüchtige Flüssigkeit, dem Lösemittel ähnlich, mit dem Überzugsmaterialien verarbeitungsfähig gemacht werden.

Verschlichten
Zartes Verteilen einer Farbe, meistens mit Pinsel oder Abstauber.

Volltonfarbe (Synonym: Abtönfarbe)
Anstrich mit einem besonders intensiven, nicht-weißen Farbton, mit dem ein weißer Anstrich wie Dispersionsfarbe eingefärbt („abgetönt") werden kann. Alternativ lässt sich die Farbe auch direkt und unvermischt als farbiger Wandanstrich verwenden. Es gibt spezielle Abtönfarben für Kunstharzdispersionsanstriche, Alkydharz- oder Acryllacke sowie universell einsetzbare Produkte.

Wandbeläge
Auch als Wandbekleidung bezeichnet, in der Regel alle Tapetenarten und Stoffe, die an die Wand verarbeitet werden.

Wasserflecken
Flecken an Wand und Decke, die durch das Austrocknen von Wasserschäden entstanden sind. Meist bilden diese Verfärbungen gelbliche Ränder.

Autoren

Max Beck

Seiner mehr als 30-jährigen Tätigkeit als Raumausstatter und Maler verdankt Max Beck einen unbezahlbaren Schatz an handwerklicher Praxiserfahrung und Fachwissen. Ein langjähriger, treuer Kundenkreis schätzt ihn nicht nur seines sorgfältigen Arbeitens wegen, sondern orientiert sich auch immer wieder gern an seinen Kreativ-Tipps in Sachen Raumgestaltung. Ein feines Gespür für stilvolles, harmonisches Wanddesign, verbunden mit Freude und Leidenschaft für seinen Beruf machen Max Beck zu einem sachkundigen Experten in Sachen Wandgestaltung, dessen Erfahrung gerne in Anspruch genommen wird. Zudem steht er jungen Menschen, die selber renovieren wollen oder müssen, mit kompetentem Rat und Tat zur Seite.

Daraus entstand die Idee, ein Buch zu schreiben, das fundierte, aber einfach nachvollziehbare Anleitungen für den Einsteiger bietet. Max Beck selbst wird, genau wie seine Kollegen, dadurch als Fachmann sicher nicht entbehrlich, denn das Handwerk des Malers ist und bleibt ein Bereich, der viel an Wissen und Erfahrung für ein gutes Gelingen voraussetzt.

Rita Brandenburger absolvierte die Ausbildungsgänge „Kreatives Schreiben" und „Multimedien-Design" und arbeitet seit 2007 hauptberuflich als freie Autorin und Medien-Designerin. Ihrer Feder entstammen Kurzgeschichten, Romane, Websites, Logo-Entwürfe, Theaterstücke und Hörspiele, Presse- und Werbetexte. Seit ein paar Jahren verfasst sie überwiegend Biografien oder Kurzchroniken und produziert die Bücher dazu.

In dem vorliegenden Sachbuch brachte die Autorin das profunde Fachwissen des professionellen Wandgestalters in eine ansprechende Form. Außerdem fotografierte und optimierte Rita Brandenburger die meisten der zahlreichen Schritt-für-Schritt-Fotos.

Impressum

Wir danken den Firmen A.S. CRÉATION TAPETEN AG, BEECK´sche FARBWERKE, Erfurt & Sohn KG, Lesando GmbH, MARBURGER TAPETENFABRIK/J. B. Schaefer GmbH & Co. KG, NMC Deutschland GmbH, P+S International/Pickhardt + Siebert GmbH, Rasch GmbH & Co. KG, Zeichenbüro Frömmrich

KONZEPT UND PROJEKTMANAGEMENT: Hannelore Irmer-Romeo
LEKTORAT: Betz Lektorat und Redaktion, Tübingen
GESTALTUNG UMSCHLAG UND LAYOUT INHALT: Heike Köhl
GESTALTUNG INHALT: Heike Köhl, Karoline Steidinger
FOTOS: Alpina (Seite 2o (Bild 5), 2u (Bild 1), 4, 15, 60, 61, 62, 63o, 68, 80, 84, 85 (Bild 2+3); 104o, 106, 107, 113, 132 (Bild 1+4)); A.S. Création Tapeten AG (Seite 27u), 132 (Bild 2)); Beeck'sche Farbwerke (Seite 1, 77, 97, 98 (Bild 1+4+5), 99 (Bild 6), 103 (Bild 3), 118); Erfurt & Sohn KG (Seite 2o (Bild 1-4), 2u (Bild 4), 4o, 5, 7, 8o, 9, 10, 11, 13, 14, 26, 34, 42, 48 (Bild 2+3), 49 (Bild 4+5), 50 (Bild 2+3), 51 (Bild 5+6), 54 (Bild 8), 56 (Bild 2+3), 57 (Bild 5), 63u, 75, 76u, 81,86, 88, 89, 90, 91, 103 (Bild 1), 104u, 105, 108, 109, 110, 111, 112, 114, 115, 120r, 121, 125, 126); Lesando GmbH (Seite 76o, 92, 93 (Bild 2-5), 94, 95, 96 (Bild 2-5), 103 (Bild 2)); Marburger Tapetenfabrik (Seite 2u (Bild 3), 8u, 12, 24u, 33, 37, 38, 39u, 40, 52, 55o, 124); NMC Deutschland GmbH (Seite 100, 101r); P+S International (Seite 54u); Rasch GmbH & Co. KG (Seite 2u (Bild 2), 27o, 47, 55u, 123); Zeichenbüro Frömmich (Bild 45, 46, 53 (Bild 2), 127, 128); Beck/Brandenburger (alle restlichen Fotos)
DRUCK UND BINDUNG: Neografia, Slowakei

KREATIV-HOTLINE
Hilfestellung zu allen Fragen, die Materialien und Bastelbücher betreffen: Frau Erika Noll berät Sie. Rufen Sie an oder schreiben Sie eine E-Mail!

Telefon: 0 50 52 / 91 18 58*
E-Mail: mail@kreativ-service.info
*normale Telefongebühren

Auflage: 5. 4. 3. 2. 1.
Jahr: 2013 2012 2011 2010 2009 [Letzte Zahlen maßgebend]
© 2009 frechverlag GmbH, 70499 Stuttgart

ISBN 978-3-7724-6808-7
Best.-Nr. 6808